小さな会社は人事評価制度で人を育てなさい！

Small Company Should Grow Your Staff by Personnel Evaluation System!

改訂版

日本人事経営研究室株式会社
代表取締役
山元浩二

本書は2010年8月に刊行された『小さな会社は人事評価制度で人を育てなさい！』を、より高い効果が得られるように現在の状況にあわせて改訂したものです。とくに、刊行後、著者がさまざまな現場で体験した最新の導入・運用についての成功事例やノウハウを盛り込んでいます。

はじめに

『小さな会社が人事評価制度で人を育てなさい！』が出版され、3年以上がたちました。この本を通じて、

「人事評価制度＝人材育成の仕組み」

という新しい人事評価制度に対する考え方を世の中に発信できたのではないかと考えています。

その間、企業の人材育成に対する重要度や優先順位は確実に高まったことを実感しています。

中小企業経営者に対して、2013年11月に産業能率大学が行なった調査報告(※)で、「2014年の経営施策は、事業・製品・サービスではなく、人材の育成に注力したいという意向が見える」とあります。

データによると、2014年に取り組みたい経営施策のうち、「従業員の教育・育成」と答えた中小企業経営者が前年と比較してもっとも増えています。

本書を手に取ったあなたも、「人材育成」を今年の重点課題にかかげているのではないでしょうか。

※従業員6人以上300人以下の経営トップへの調査

☑〝手をつける余裕がない〟中小企業の人材育成事情

人材育成には、お金も時間もかかります。

大手企業と違って中小企業は、資金力が乏しく、教育する側の社長やリーダーもいっぱいいっぱいで余裕がありません。

社員に対して研修をするとなると、働いてもらって利益を稼いでいる仕事をストップして教育をしなければなりません。少なくともその社員たちは、教育を受けている間、何ひとつ生産活動ができません。しかも、給料まで発生します。

「仕事を休止してまで教育をする余裕なんてない」

そう考える社長も多いはずです。

必然的に、「習うより慣れろ」「スキルは盗んで身につけろ」、もしくはせいぜい「リーダーに任せた」といった、個人任せ、現場任せに陥っているのが実情のようです。

しかし、冒頭でご紹介したように、中小企業の社長も「人材育成」を重要視していることは間違いありませんし、自社の発展を考えれば「社員に成長してほしい」と願わない社長はいないでしょう。

☑中小企業には実績につながらない情報やサービスばかり

一方、世の中の人材育成の傾向はどうでしょうか。

グローバル人材、女性管理職の育成・登用、選抜型リーダーの育成、ほめて伸ばす育成法、ウェブ・ラーニング……

各メディアや専門誌、各研修・教育会社などでは、おおむね、このような方向性の人材育成の必要性を訴え、サービスを提供しています。

しかし、これら世間で必要と叫ばれている人材育成に具体的に取り組んでいる中小企業がどのくらいあるのでしょうか？　もっというと、今、中小企業にとって必要なものなのでしょうか？

ズバリ申し上げましょう。

中小企業では、**〝今いる社員の戦力化〟すなわち「稼げる人材」「人を育成できる人材」に現有社員を育てるのが最優先**なのです。

とくにこれからは、景気も回復傾向で大手が採用に積極的になり、中小企業の人手不足はいっそう深刻になるでしょう。仮に、よい人材が採用できたとしても、人材が育っていなければ、まともな指導もできずに短期間で辞めてしまうという悪循環に陥りかねません。

ではいったい、これまで「場当たり的」な教育手法で、主に「現場任せ」中心だった中小企業が、どうやったら社員を戦力化できるのでしょうか。

本書は、こういう悩みを持った社長、リーダーに、人材育成に取り組む前に読んでいただきたい一冊です。

社員全員を求める人材へ成長させる仕組み

本書で中小企業のみなさんへおススメする教育方法は、経営計画書と人事評価制度を通じた自社内での教育体制づくりです。

私は、約10年間「ビジョン実現型人事評価制度」という経営計画書を人事評価制度に落とし込み、社員全員の成長を実現する仕組みづくりを支援してきました。300社近く支援をしてきましたが、その約90％が社員100人未満の中小企業です。

「ビジョン実現型人事評価制度」で得られるものは次の3つです。

1　安心して部門を任せられるリーダーが育つ

2　社員全員が会社の理念や方針にそって成長する

3　会社のビジョンが達成できる

こう書くと、これまで社員教育や人事評価制度で苦い経験をした社長は、

「きっと難しいことを時間をかけてやっていくんだろうな」

と想像するかもしれません。しかし、ご安心ください。

２０１０年8月の刊行以来、中小企業の社長から、本書をてびきに自社内で改革に取り組み、会社を成長させることができた、と多くの反響をいただきました。今回、改訂にあたり最新の導入・運用のノウハウを盛り込みました。

「ビジョン実現型人事評価制度」は、たったＡ４、１枚の経営計画書づくりからスタートします。決して難しいことを考えるわけでも、特別なノウハウを学ぶ必要があるわけでもありません。

必要なのは……

あなたの志（こころざし）と決意だけなのです。

さあ、仲間はすでにスタートしています。ビジョンの実現に向けて一歩踏み出しましょう。本書がそのきっかけとなれば幸いです。

２０１４年2月

山元浩二

〔ビジョン実現シート〕を作成

経営計画書を作成

①経営理念
②基本方針／経営姿勢
③行動理念
④ビジョン
⑤事業計画
⑥経営戦略

人材育成目標を明確化

⑦現状の人材レベル
⑧5年後の社員人材像
⑨ギャップを埋めるための課題
⑩人事理念
⑪プロジェクト・コンセプト

P.86

《

〔経営ビジョン〕発表会

①全社員に向けて経営計画・人材育成目標を発表。人事評価制度改革の目的と考え方・ゴールを明確に伝える
②社員にジョブ・ヒアリングシートを作成してもらう
③リーダー（評価者）教育を実施

P.120

《

Step1 設 計

《

賃金制度をつくる

①賃金制度（月額給与）を作成

②賞与支給基準を作成

《

評価基準のたたき台を作成

①グレードの設定

職位・役職レベル（グレード）の段階・イメージを設定

②評価基準の作成

業績結果項目と業績プロセス項目の評価基準を作成

③ウェイト配分表を作成

評価ウェイト配分表を作成

P.126

〔人事評価制度説明会〕を開催

全社員に向けて人事評価制度についての説明会を実施

P.152

〔評価者研修〕を実施

架空のモデルを設定して評価者研修を行なう

P.154

〔トライアル評価〕を実施

実際の社員で練習評価を実施（3回実施）

P.156

Step2 運用

「ビジョン実現型人事評価制度」導入手順

運用6つのステップ

P.160

ステップ1　評価の実施

評価基準に基づいて評価を実施

ステップ2　評価結果の集約・分析

被評価者一人ひとりの育成シート、評価結果一覧表を作成

ステップ3　育成会議

評価者が一堂に集まり、評価結果を調整、最終的な評価を決定

ステップ4　賃金・賞与検討会議

評価結果に基づいて昇給や賞与、昇進・昇格について検討、決定

ステップ5　育成面談

評価結果を被評価者に伝え、次期に向けた改善課題・目標を明確にする

ステップ6　達成度チェック・支援

次の評価までの期間、被評価者の目標・役割の達成度を定期的にチェック。目標達成に向けた支援、アドバイスを行なう

はじめに 2
「ビジョン実現型人事評価制度」導入手順 8

第1章 今、中小企業の成長のために必要なもの

1 業績至上主義が招く組織の崩壊 22
ヒトへの投資を行なわないと会社の成長には限界がある
人事評価制度なんて二の次。そう思っていませんか？ 23
ある社長からのSOS 24／「社長がルール」の会社にルールをつくる 25

2 人事評価制度の概略を理解しておこう 28
人事評価制度の目的と意義を再確認する
査定だけが目的ではない 28

3 伸びる中小企業には3つの条件がある 32
ポイントは働きがいのある会社
優秀な人材はビジョンが明確な会社に集まる 32／女性管理職が活躍している 33／致命傷は「人材育成の仕組みがない」 34

4
人事評価制度が求められている時代 36
誰もが正当な評価を求めている
評価を伝えないことが生産性を低下させる 36 ／ 気になるのは「金額の差」ではなく、「評価の差」 38

5
中小企業の成長を阻害する3つの要因 40
成長を阻むのは「人を育てる」という視点の欠如
ヒト・モノ・カネの順番になっているか 40 ／ リーダーに社員教育の役割を与えていない 42 ／ 社長が自分の仕事や技術を手放そうとしない 45

6
人事評価制度は組織の自動成長装置 48
社員が本来持っている能力を引き出せば組織力は強くなる
評価プロセスで人材を育てる 48 ／ 社員の潜在能力を引き出す仕組み 50

7
人材が魅力的な組織をつくる 52
人材投資が会社発展のサイクルをつくる
「ヒト」への投資が利益を生み出す 52 ／ 「モテモテ会社」を目指す 53

第2章

間違いだらけの人事制度の常識

1 賃金制度の間違った常識 56
成果主義的人事制度がもたらした影響を検証する
「成果主義はやる気と業績アップに効く」は間違い 56／「賃金が会社の業績を左右する」は間違い 57／「お金でモチベーションは上がる」は間違い 59

2 評価制度の間違った常識 60
最も陥りやすい評価制度の勘違い
「評価結果は賃金に反映させなければならない」は間違い 60／「評価者研修で評価スキルを身につける」は間違い 63／『フィードバック面談』は評価結果を伝えること」は間違い 66

3 導入のしかたを間違っていませんか？ 69
不具合が出て当たり前。制度の導入には柔軟性が必要
「一度決めた制度は変えてはいけない」は間違い 69
「うまく運用できないから導入しないほうがよい」は間違い 71

第3章 ビジョン実現型人事評価制度を導入しよう！

1 ほとんどの会社はゴールを間違っている …… 74
失敗したり中途半端に終わるのは改革の目的を間違えているから
プロジェクトの成功はゴールの明確化から 74 ／ 人事評価制度が目指すべきゴールはひとつ 75 ／ 達成できないことをゴールにしない 76
人事評価制度は社員のためのもの？ 76 ／ 経営計画でビジョンを明確にする 78

2 まず、経営計画書を作成する …… 79
人事評価制度構築にはその前提となる経営計画書が必要
経営計画書には3つの目的がある 79 ／ 会社の方向性を理解しているのは10人にひとり 80 ／ 不透明な時代だからこそ経営計画を立てる 82 ／ 作成し、伝えていくことでビジョンの実現性が高まる 83

第4章
ビジョン実現シートを作成する

1 すべてはここから！　経営理念を定める……86
「経営理念」「基本方針／経営姿勢」「ビジョン」を策定する
①5つのステップで「経営理念」を考える 86／②「基本方針／経営姿勢」を考える 95／③「行動理念」を定める 98／④2つの視点から「ビジョン」を明確にする 99

2 目標達成に欠かせない経営戦略づくり……102
「事業計画」と「経営戦略」でゴールへの道筋を具体化
⑤5年後までの数値計画「事業計画」を明確にする 102
⑥「経営戦略」は3つの視点、8つのカテゴリーから考える 107

3 人材育成についても達成目標を設定する……111
評価制度を育成につなげるための重要なステップ
⑦「現状の人材レベル」を把握する 111／⑧「5年後の社員人材像」を具体化する 112／⑨「ギャップを埋めるための課題」を書き出す 114
⑩「人事理念」を定める 116／⑪「プロジェクト・コンセプト」を明確にする 117

第5章 ビジョン実現型評価基準を作成する

1 成功の鍵は評価基準の作成前にある …… 120
「経営ビジョン発表会」で「目的」と「意義」を浸透させる
キックオフは「経営ビジョン発表会」 120 ／ジョブ・ヒアリングシートでデータを収集する 122 ／リーダーには別メニューで意識づけを行なう 124

2 評価基準のたたき台を作成する …… 126
評価基準を設計し、ウェイト配分を考える
評価基準の形式で成果に差が出る 126 ／これが多くの企業で成功している評価システム 127 ／グレードの段階を決める 133 ／グレードごとに求める仕事のレベルを設定する 135 ／評価基準のフレームを考える 138 ／「業績項目」には業績プロセス項目も必ず盛り込む 139 ／「成果項目」は2つの視点から考える 140 ／求められる役割を果たすために必要な能力を「能力項目」に設定 141 ／これから重要になってくる「情意項目」 142 ／評価者となるリーダーにも評価基準づくりに参加してもらう 143 ／仕上がり度は60～70％でOK 144 ／グレードごとに評価のウェイト配分を考える 144 ／仕事の難易度によって評価ウェイト配分を変える 146

第6章

「人事評価運用制度」で運用も仕組み化

1 説明会と評価者研修で運用に備える …… 152
何のための制度なのかを改めて社員に徹底する
全社員を対象に「人事評価制度説明会」を開催する 152 ／「評価者研修」でモデルを使った評価の練習 154

2 本番前にトライアル評価でダメ出しを！ …… 156
不満や不具合を最小限に抑えるために評価の練習を行なう
不満が出ない改革はない 156 ／トライアル評価は必ず3回行なう 158

3 いよいよ運用。設計よりも全力投球で！ …… 160
プロジェクト成功の秘訣は運用にあり
人事評価運用制度“6つのステップ” 160

4 人事評価制度の運用を阻害する3つの要因 …… 180
起こりがちなトラブルを知って、先手を打つ！
忙しすぎて評価できない 180 ／評価のバラツキが修正できない 183
賃金が下がってしまうから運用できない 184

5 支援の仕組みを補足・充実させる …… 186
運用後も適正な評価を実施・継続するための仕組みづくりが必要
適正な評価を実施するための仕組みを整備する 186 ／ 活性化のための工夫・アイデアを考える 188 ／ 「納得度アンケート」で導入効果を定期的に計測 190

6 成功企業には共通点がある …… 194
プロジェクト成功のポイントを知っておこう
人事評価制度が定着すると年功序列になる 194 ／ 素直な組織は成功する 196 ／ まずは、やってみる 197

第7章 【事例】どんどん成長した社員たち

事例1 株式会社 勉強堂
経営ビジョン発表会で社員の思いをひとつに …… 200
小さな雑貨店が売上3・8倍を実現し圧倒的地域ナンバー1店へ
歯止めがかからない顧客減少 200 ／ 経営計画書で5年間思い続けた夢が現実に 202 ／ ピンチをチャンスに！ 204 ／ 女性のやる気を高める仕組みをつくる 205 ／ 地域でも圧倒的な一番店に 207

事例2 株式会社 ハーブ健康本舗
社員のベクトルがそろい3年で3倍の売上 …… 208
全社員がクレドを実践、着実な実績に
リーダーが全面拒否。先行き不安なプロジェクトのスタート 208 ／「クレド」を実践に結びつけたビジョン実現型人事評価制度 210 ／ 思い描いた以上の人材のレベルアップを実現 212

事例3 株式会社 アクト
120％の成長を続け、業界トップ企業へ …… 216
スタッフの高い成長意欲と業績アップを実現
どこから手をつけたらよいのか答えが見えず 216 ／「経営理念」を明確にしたが、浸透方法がわからない 218 ／ 店長からは総スカン。導入には高いハードルが… 220 ／ 評価を通じたコミュニケーションが人材と組織成長のスパイラルに 221

巻頭 折込シート ビジョン実現シート事例
巻末 折込シート〈表〉評価基準（プロセス項目）事例【営業部の場合】
巻末 折込シート〈裏〉評価ウェイト配分表事例【営業部の場合】

本文デザイン／ライラック

第1章

今、中小企業の成長のために必要なもの

小さな会社ほど人事評価制度は必要、その効果も大きい

1 業績至上主義が招く組織の崩壊

ヒトへの投資を行なわないと会社の成長には限界がある

社員10人以上の会社が成長するためには「経営計画書を落とし込んだ育成型の人事評価制度」が必要です。

私が約18年間、中小企業の人材育成に関わり続けてきた結果、確信していることです。このことを、お伝えし、実践していただくことが私の使命であり、本書もそのために書いた中小企業の社長向けの実践本です。

「もっと早くこの本に出合っていればよかった」

「まるでウチの会社のことが書かれているようだ」

「自社の課題がすべて解決できる手法が盛り込まれている」

と、読者の方々からは、ありがたい声をたくさんいただきました。

大きな自信につながると同時に、ひとりでも多くの経営者の方へ、この「ビジョン実現型人事評価制度」の考え方を伝えていくことが私の責務だと再確認しています。「経営者と全社員の幸せ」。これを実現するのが、この仕組みの目的です。

人事評価制度なんて二の次。そう思っていませんか?

「人事評価制度なんてつくっている暇があったら、目の前の商品を売って少しでも売上を上げるほうが先だ」

そう考えている(考えていた)社長さんも多いと思います。人事評価制度がなくても業績が好調の会社、あるいは、一度人事評価制度を導入したけれど、思うような成果が上がらなかったから必要性を感じないという会社も多いものです。

そういう会社の社長さんにいくら説明しても埒《らち》が明かないことが多く、正直なところ、私たちもそれ以上、関わることができないのも事実です。

その会社の社長さんもそんなひとりでした。どんなに営業にうかがっても、いっこうに耳を貸そうとはしません。ところが、ある日突然、電話がかかってきたのです。

Point

小さな会社ほど人事評価制度は必要、その効果も大きい。

ある社長からのSOS

「山元さん、助けてくれ！　もう自分ひとりの力じゃどうしようもならない」
「どうされたんですか」
「とにかく、一度話を聞いてほしい。これからの会社の存続にも関わることなので、急いで会いたい」

その社長の口ぶりからただ事ではないことは容易に理解できました。ほかの会社の社長たちから噂ややっかみが出るほど順調に売上を伸ばしていた会社だったのでびっくりしましたが、さっそくその日の夜、食事をしながら話をうかがうことにしました。

話の内容は、**信頼しているナンバー2の社員を含めたリーダークラスの社員4人が、突然、会社を辞めたいと言ってきた**ことでした。理由は社長の考え方と会社の運営方法に社員がついていけないということ。よくよく聞いてみると、会社のなかに規則やルールがなく、社長のその時々の考え方や気分で決まってしまう。要は、社長がルール、規則になってしまっているというのが社員の言い分でした。

Point
★
社長のワンマンでは組織の成長に限界がくるのです。

具体的には、賞与の時期になっても賞与が出るかどうかわからない。昇給については時期も決まっていなければ、誰がどういう理由でいくら昇給するかも、社長の判断に委ねられている。スタッフの昇進や異動も突然、言い渡される。

スタッフからは、「将来が不安でしょうがない」「今回の賞与はあるのか」「また社長が何か突拍子もないことを始めるのではないか」などと相談を受けるが、社長からは何も聞かされていないので、上司として答えようがない。自分たちも将来が不安で、もう限界だ、というのです。

☑「社長がルール」の会社にルールをつくる

リーダーたちはこのような会社の問題を掲げ、**もうこれ以上は社長のもとで働けない、と悲痛な叫びをあげてきた**のです。

私は社長に対して、彼らの言うことはもっともだ。とにかく、早急に手を打たないと経営自体が続けられない、危機的な状況に陥ってしまうと伝えました。社長は、最初は渋々とでしたが、自分の非を認め、改めていくことを決意してくれました。

さっそく、そのリーダーたちにも同席してもらったうえで、今後の改善の方向性について時間をかけて話し合いました。

私は、そこで改めて経営計画書と人事評価制度の必要性についてお話ししました。以前から、社長には何度も同じ説明をしていたのですが、そのときは業績も絶好調で、社員についても大きな問題が出ていなかったからでしょう。まったく聞く耳を持ってもらえなかったのです。

緊迫した雰囲気のなか、一つひとつ問題を整理しながら、会社が目指すべき方向について話を進めていくと、険しかった社長やリーダーたちの表情が変わっていくのがわかりました。

話し合いの結果、人事評価制度を中心に、スタッフの給与や処遇の仕組み、会議や組織体制とその指示・伝達のルールなどを確立し、実行していくことを決めたのです。

そして、決めたルールを社長がきっちり守るということを条件に、リーダーたちは会社にとどまることと、会社の発展のために協力することを約束してくれたのです。

この一件で、私の仕事、**人事評価制度が世の中に大きく貢献できるサービスだと確信することができました。**同じような悩みを抱える中小企業が必ず存在するはず。そのような中小企業の経営者と社員の双方が幸せになれる仕組みと組織づくり。それが、人事評価制度本来の役割であることを確信するとともに、できるだけ多くの問題を抱える中小企業を救いたい、という強い思いのもと、これを一生涯の仕事としていこうと決意するきっかけとなったできごとでした。

今、この本を手に取っているあなたはどうでしょう？

売上（業績）至上主義の考え方では限界があると気づいているのではないでしょうか。今は順調に売上が伸びて会社も成長しているが、このままでは何かが足りない。将来、会社が立ちいかなくなるのではないかと不安に思っているのではないでしょうか。

あなたは、正しい考え方で、自社の経営を導いていこうとしています。しかし、次の一手をどうやって打っていったらいいのかわからない。この本は、そういう社長さんに読んでいただきたいのです。

2 人事評価制度の概略を理解しておこう

人事評価制度の目的と意義を再確認する

☑査定だけが目的ではない

最初に人事評価制度の概略について整理しておきたいと思います。
31ページの図にあるように、人事評価制度は「評価制度」「賃金制度」「昇進昇格制度」の3つの制度で構成され、相互に機能しています。評価の結果は賃金制度や昇進昇格制度に反映させることになりますが、本書では、このなかの評価制度を中心に話を進めていきます。

評価制度というと、イコール「査定」のようなイメージを持たれる方が多いのですが、それはその一面でしかありません。

評価制度は、継続的に社員を育成させる仕組みであり、人材育成を通して経営目標を達成することが本来の目的です。

そのためには、前提として経営計画書の作成が必要です。経営計画書がないと経営目標が明確にはならないからです。

会社はどのような方向を目指すのか、そのためにはどのような人材が求められるのか、によって評価制度は変わっていきます。つまり、評価制度は会社のビジョンや経営戦略と結び付いていなければならないのです。

ところが、この本来の目的を見失っているケースが非常に多いのです。

本書では、人事評価制度の目的と意義を再確認するとともに、会社のビジョンを実現することを目的とする評価制度の設計手法を仕組み化した「ビジョン実現型人事評価制度」について説明していきます。

Point
★
まず「評価制度＝人材育成制度」と認識してください。

成長し続ける組織は
経営と人事が一体化している。

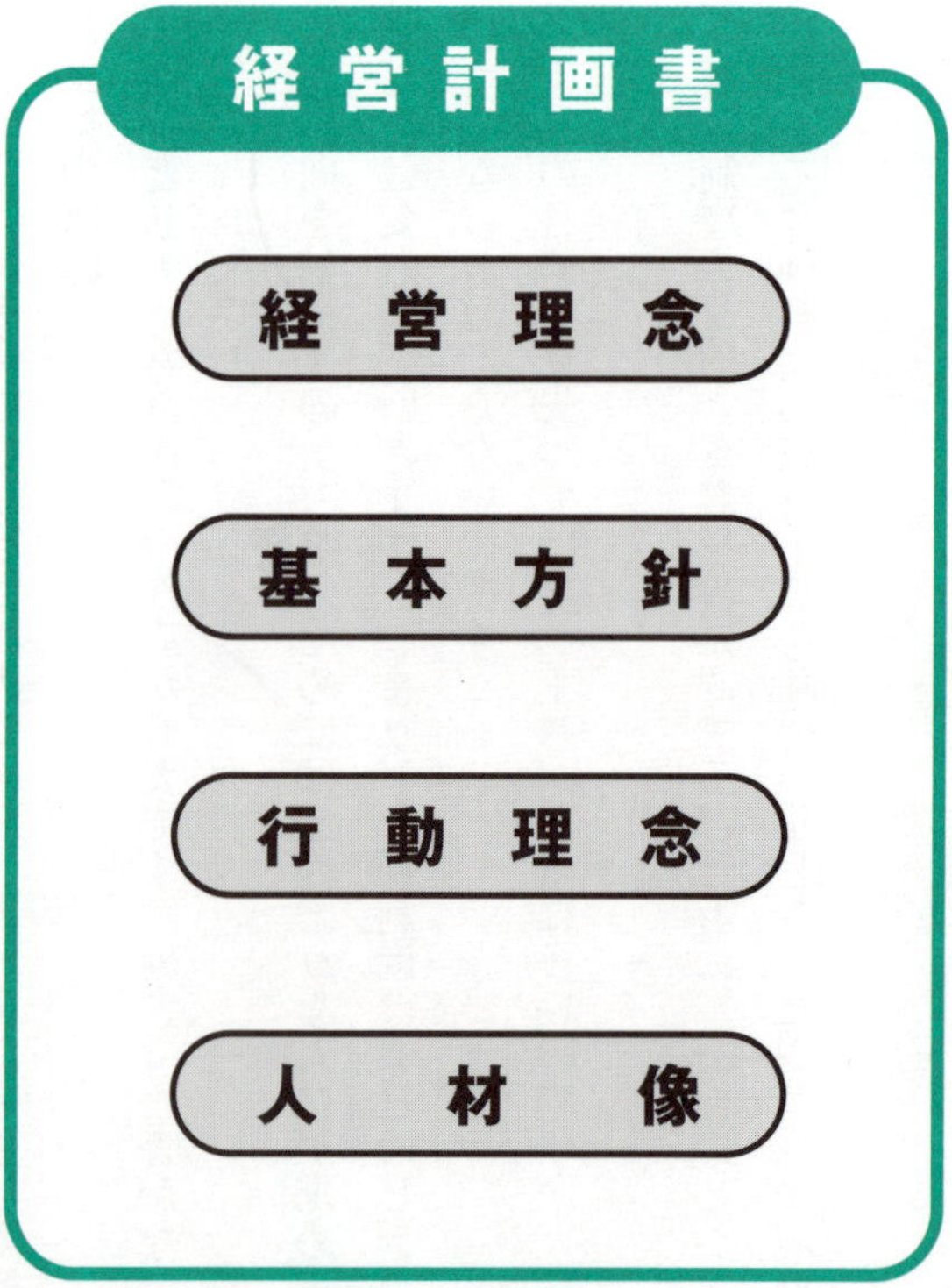

**理念経営を実践するには、
人事評価制度が欠かせない**

人事評価制度は経営計画書と密接に結び付いている

人事評価制度は、「評価制度」「賃金制度」「昇進昇格制度」の３つの制度から構成される。

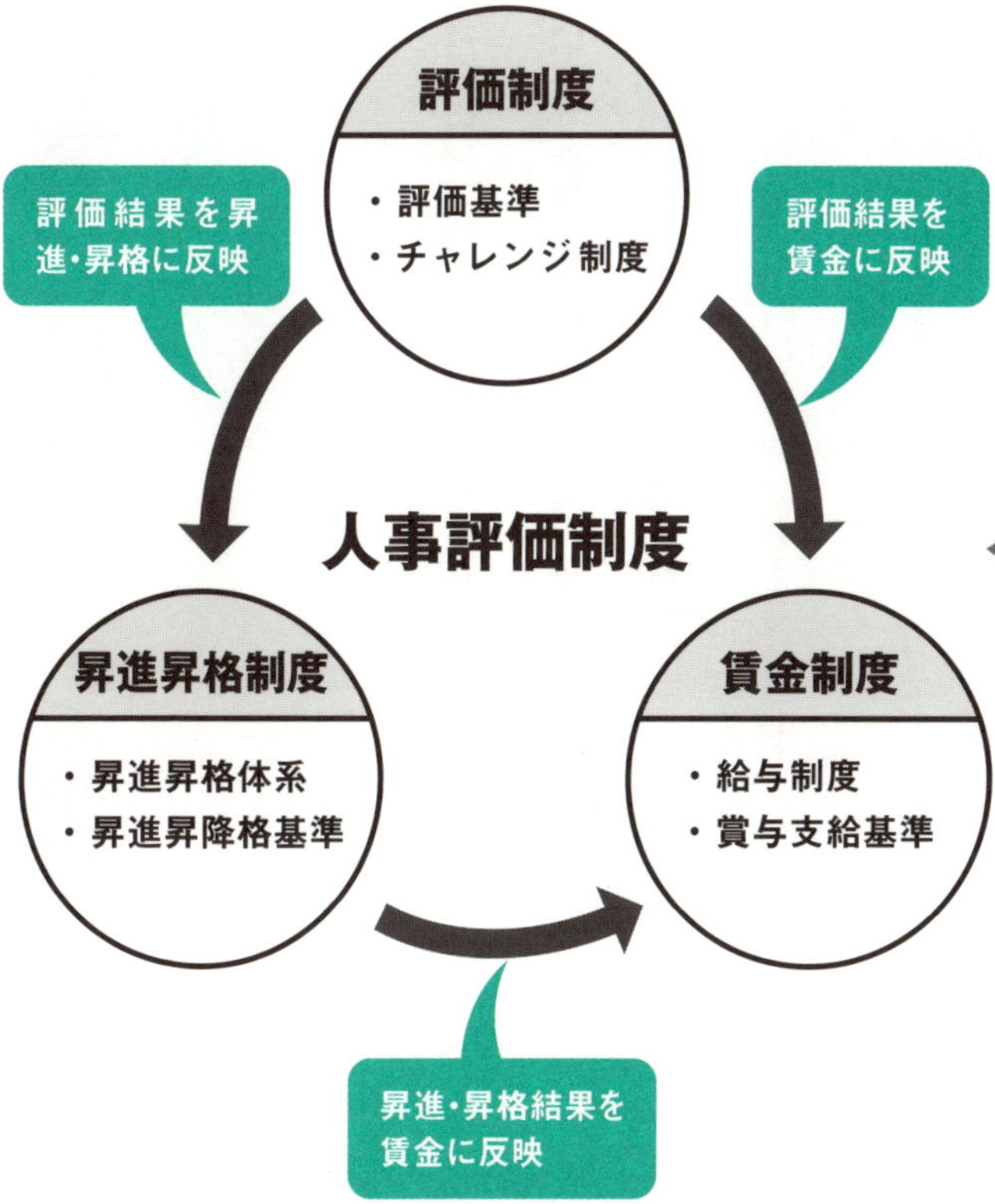

扇の要は評価制度。適正な評価が確立できなければ、賃金や昇進昇格へも反映できない

3 伸びる中小企業には3つの条件がある

ポイントは働きがいのある会社

☑優秀な人材はビジョンが明確な会社に集まる

「今の（過去いた）会社にいても自分の将来像が描けない」

日本ナンバー1のハンティング会社のヘッドハンターがあげた最も多い転職理由です。

「30歳前後に自分の将来について真剣に考える時期がある」

と、彼は言います。

自分自身のビジョン、将来像と今の会社がマッチしていなければ「もっと自分の将来にマッチした会社はないだろうか」と考えるわけです。

Point
★
人が育つ環境を整える。

なかには、何も考えずに30歳を迎え、流れに身を任せて40歳、50歳と年をとっていく人もいるでしょう。しかし、そういう人がビジネス上、優秀な人材といえるでしょうか。中小企業で戦力として活躍してくれるでしょうか。

私は、自分自身の将来像と目標を明確に持っている人ほど優秀な人材だと確信しています。

こういった**優秀な社員が「働きたい！」と思う会社は、やはり、ビジョンが明確な会社**です。なぜかというと、会社の将来像が明確になっていないと、そこで勤める社員も将来像を描けないからです。

☑ 女性管理職が活躍している

当社のクライアントの85％は景気に左右されずに、成長を続けています。

その成長企業に共通した事実があります。それは、「必ず女性管理職が活躍している」ということです。

中小企業の社長は、みなさん口をそろえてこう言います。

「最近の若い男はなんだか軟弱で、はっきりしない人が多い」
一方、「明らかに女性のほうが優秀。将来の目標やビジョンを明確に持って、キャリアを磨こうと、真剣に仕事に対して取り組んでいる」という声もよく聞きます。

なぜ、このような状況になってしまうのか。優秀な男性は世の中から消えてしまったとでもいうのでしょうか？　いやいや、そうではありません。

大手企業に取られてしまったのです。中小企業は、採用に豊富な資金と人材力を投資してくる大手にどうしても負けてしまうのです。とくに現在のように景気がよくなってくると、さらにその傾向は強まります。

一方で、女性は優秀でも地元を離れたくなかったり、転勤を好まなかったり、といった理由で地方の中小企業に就職希望する人も少なくはないのです。

中小企業は女性を活かしきれないと成長できない時代になってきているのです。

☑ 致命傷は「人材育成の仕組みがない」

ある中小企業の製造メーカーが、新商品開発を任せるために人材を採用しました。

大手製造メーカーの工場で、開発責任者を5年以上経験した、うってつけの人材。年齢も32歳。これから十分に期待できる人材です。

さっそく、新商品開発に関する仕事をすべて彼に任せ、開発を急がせました。開発は順調に進み、商品は完成の一歩手前までこぎつけることができました。

しかし、そこで事件が起こったのです。なんと、入社してまだ3カ月足らずの彼が辞めたい、と言ってきたのです。もちろん、社長をはじめ、工場の社員全員が懸命に引き留めました。しかし、決意は固く変わりませんでした。

結局、新商品のレベルも低く、会社に大きな損害を与える結果となってしまいました。

「この会社には社員を育成する教育の仕組みがまったくない。この会社にいたら、自分は周りから尊敬されるし、評価も受けるかもしれないが、そのうち、自分の成長意欲も薄れていくような気がする」。彼が残した言葉です。

彼はもともと、現状に満足することなく、自ら成長し続けようとする優秀な人材だったのです。**「社員育成の仕組みがない」ということが、彼を失う致命傷となってしまった**のです。

4 人事評価制度が求められている時代

誰もが正当な評価を求めている

評価を伝えないことが生産性を低下させる

みなさんは他人の目が気になったことはないでしょうか？　また、あなたに対する「評価」を「なぜ？」と疑問に思ったことはないでしょうか？

人前で自己紹介をしたとき、朝礼で3分間スピーチをしたとき、仲間内の飲み会で自分の意見を述べたとき、私たちは、「うまく話せたかな」「強く言いすぎたかな」と他人が自分の発言をどう感じているのか、どういう評価なのかを知りたいと思ったことは誰しも多いのではないでしょうか。

では、会社のなかではいかがでしょうか。**人間は、不安を抱えたままでは持っている力を100%発揮できない**ものです。あなたの会社のなかにも、上司や同僚の評価を気にして、不安や疑問を持ちながら仕事をしている人もいるのではないでしょうか。そうなると、仕事の生産性も思ったようには上がらないでしょう。

このように不安を抱えた社員に対して、評価をわかりやすく具体的に示すことが必要です。さらに、会社に対する貢献度を上げていくにはどうしたらよいのかを教えてあげるのが人事評価制度なのです。

それによって、自分自身の評価がはっきりと、クリアになることで、不安や疑問がスッキリ解消されたらどうでしょう⁉

愛社精神や社長・経営者への忠誠心が高まって、仕事の生産性がアップすることも大いに考えられます。ひいては、会社の業績にも大きく影響を与えることでしょう。

Point
★
「給与に納得できない」＝「評価に納得できない」
ということを理解する。

☑ 気になるのは「金額の差」ではなく、「評価の差」

ある日、若い女性から相談の電話が入りました。私は、少しウキウキと淡い期待を持って、電話口に出ました。しかし、浮ついた期待は見事に外れました。

「なぜ、私がYさんよりダメなんですか⁉」

深刻で涙ぐんでいるようにも私には聞こえました。

彼女が勤める会社は、人事評価制度改革を2年前に行なったばかりで、ようやく評価制度とそれに応じた給与の変動に、社員も慣れてきた頃に起こった事件でした。

「落ち着いて。もう少し詳しく内容を聞かせてください」

「私の評価結果が、Yさんより低いなんて、信じられないんです」

そこまで聞いて、ようやく私は理解できました。

彼女とYさんは同期入社の営業事務を担当する社員で、入社4年目。これまで2人は、評価も同じ結果で、昇給、賞与の額もまったく同じという処遇を受けてきたのです。

ところが、社長は直近の評価で、はじめて2人の評価に差をつけたのです。彼女の日頃の接客対応や顧客への提案状況をYさんと比較すると少し見劣りしたためという、上司の判断に基づいて。結果、いくつかの項目で彼女のほうが低い評価となり、総合結果でもワンランク下の評価結果となってしまったのです。

「なるほど、賞与額に差が出たことが不満だったのだな」と思った私は、当社で保存している彼女のデータを確認しました。

すると、その差額はなんと100円……。

彼女は賞与の額が気に入らないのではなかったのです。**評価そのものが同僚より劣っていたことが、彼女にこのような行動をとらせた**のでした。

5 中小企業の成長を阻害する3つの要因

成長を阻むのは「人を育てる」という視点の欠如

☑ヒト・モノ・カネの順番になっているか

私はよく交流会などで出会った社長にこう質問します。

「○○社長、『ヒト・モノ・カネ』のなかで一番重要な経営資源は何ですか?」

「ヒトに決まってるじゃないか」

100人に聞けば、100人ともこう答えます(少なくとも私の経験では)。

さらに、私は質問します。

「では御社では、実際の優先順位はどうなっていますか?」

「……。ヒトが一番後になってしまってるなー」

もう言いたいことはおわかりだと思います。これが中小企業の実態なのです。「ヒト」が最も重要な経営資源であると考えるなら、まずは、そのヒトの活かし方を最優先に考えるべきなのです。が、実態はそうはなっていません。

カネやモノに関しては投資を惜しまない経営者も、いざ、ヒトへの投資となると二の足を踏むのです。

私は、創業期からある程度の時期まではしかたのないことだと思っています。カネがないと企業は存続できませんし、売上が上がれば必然的にモノへの投資も増えていきます。

しかし、どこかの時点で**ヒトへの投資を優先的に考えていかないと、企業の成長には限界がある**、と私は思っています。自社が成長の踊り場にきているとお感じの社長は要注意です。

「カネ・モノ・ヒト」とは言いませんよね。「ヒト・モノ・カネ」の順番で言うからには、その順番で重要なのです。

リーダーに社員教育の役割を与えていない

部長でも課長でも係長でも、リーダーには共通した役割があります。

それは、自らに任された部門、部署、チームの目標を達成することです。もう少し長期的に見れば、部門、部署、チームを拡大させていく、あるいは、その利益性を高めていく。要は、組織を発展させていくということです。

「目標の達成」と「組織の発展」、リーダーはこの2つの役割を使命として、実現に全精力を集中させなければなりません。

そして、この使命の実現にあたって必ず必要になってくるのが人材育成です。自分がマネジメントする組織の人材を成長させながら目標を実現することが必要なのです。

しかし、**ほとんどの中小企業では、この人材育成の視点が欠けている**のです。誤解

人材育成の負のサイクル

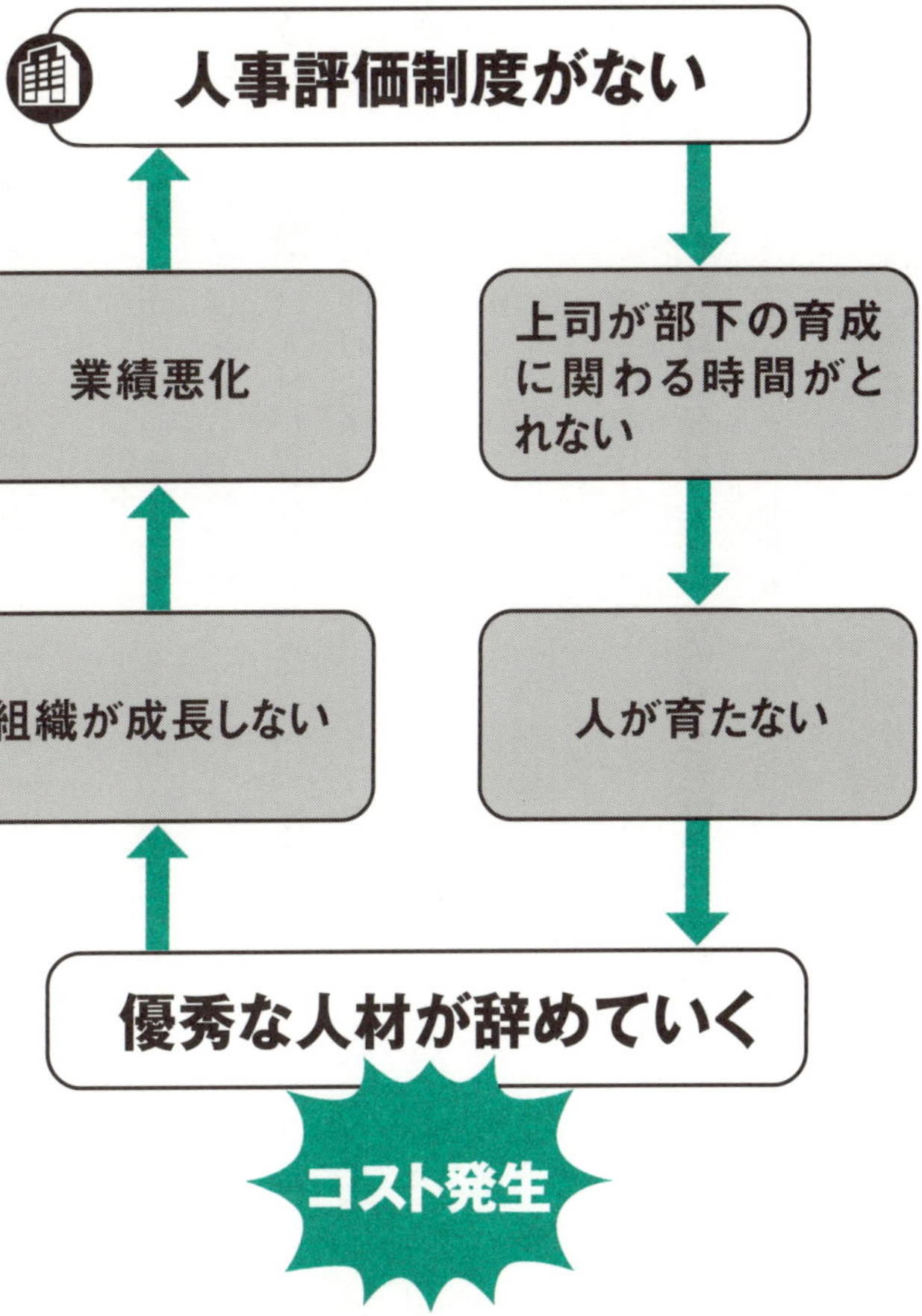

上司が人材育成を重要な役割と認識していないために優秀な人材を失い、組織の成長を妨げている

のないように補足すると、「明確にリーダーに対して人材育成という役割を求め、そのための仕組みづくりと効果測定を行なっている企業が少ない」ということです。

もう少しわかりやすく言いましょう。多くの中小企業では、「自分のことで精一杯で部下のことまで面倒を見る余裕がない」というリーダーがほとんどなのです。

こういった組織では人材が育たないどころか、優秀な人材から辞めていってしまいます。そのため、慢性的に採用を繰り返すことになります。結果、リーダーはいつも新人教育に時間を取られ、一人前の人材が育たない、という悲惨な状況に陥ってしまいます（43ページの図参照）。

いかがですか？　あなたの会社には当てはまっていませんか？　原因は経営側にあります。だって、**人材育成をリーダーの役割とせずに、業績ばっかり追求している**のですから……。リーダーもそこに向かって突き進むしかありません。

これに対して、詳しくは後述しますが、人事評価制度は、リーダーが社員教育をやらざるをえない仕組みですから、このような中小企業の成長を阻害している、大きな課題も解決できるのです。

社長が自分の仕事や技術を手放そうとしない

ある板金塗装会社での話です。社員が7、8名の会社でしたが、この会社は組織上の大きな問題を抱えていました。

その問題とは、技術を覚えるとすぐに社員が辞めてしまい、なかなか定着が図れない、結果として会社も成長できない、という問題です。

原因を探ってみると、問題は社長自身にありました。簡単に言うと、社長が社員に技術を教えない。それが原因で、人材がまったく成長していなかったのです。

板金塗装で一人前になるには、相当な技術を身につける必要があります。ところが、職人肌のその社長は、社員に対してある一定レベルまでの基本的な技術しか教えない。しかも、その技術というのも単純作業です。あとはひたすら社員に作業をさせ、長時間働かせて収益を上げるという構造でした。

Point
★
社長の仕事を任せることがリーダーの成長につながる。

社員が少し技術を身につけて、お客さんと親しくなって仕事を取ってこようものなら、

「お前はいつからそんなに偉くなったんだ?」

「夜な夜なお客さんと話をして、何かよからぬことでもたくらんでるんじゃないか」

などと言う始末。

つまり、自分の技術を盗まれるのが怖い、お客さんを取られるのが怖い、社員が自分を超えていくのが怖かったのです。社長がいつまでも技術者、職人の仕事に固執するあまり、経営、いや、マネジメントすらまったくやろうとしていなかったのです。

当然、社員は、

「この会社にいても自分はこれ以上、技術を身につけられない、成長できない」と見切りをつけて、どんどん会社を去っていったのです。

それに気づかず、社長は経営を(経営とはいえませんが……)やり続けてきた結果、どうなったか!

社員が次々と去ってしまうどころか、業界内で噂が広まり、新しい社員もまったく入ってくれなくなってしまいました。

今では社長とアルバイトひとりで細々となんとか事業を継続しているという状態です。ちなみに、社長の奥さんも愛想をつかして、出ていってしまいました。

会社が成長するには、社長がやっていた仕事を段階的に社員に伝承していかなければならなかったのです。

業種や規模は違えど、同じような状況の中小企業はたくさんあるような気がします。

6 人事評価制度は組織の自動成長装置

社員が本来持っている能力を引き出せば組織力は強くなる

評価プロセスで人材を育てる

ではなぜ、人事評価制度は人材を成長させることができる仕組みなのでしょうか。

それは、人事評価制度を通じて人材の成長を継続的に支援していくからです。

これは、評価制度の運用プロセスをご覧いただくと、わかりやすいと思います。次ページの図を見てください。これが評価制度の運用プロセスです。

評価制度は単に「評価結果を伝えて終わり」ではなく、「評価」「課題の明確化」「育成面談」「目標設定」「進捗管理」、そしてまた「評価」へというプロセスを永遠に繰り返していくのです。

評価制度の運用プロセス

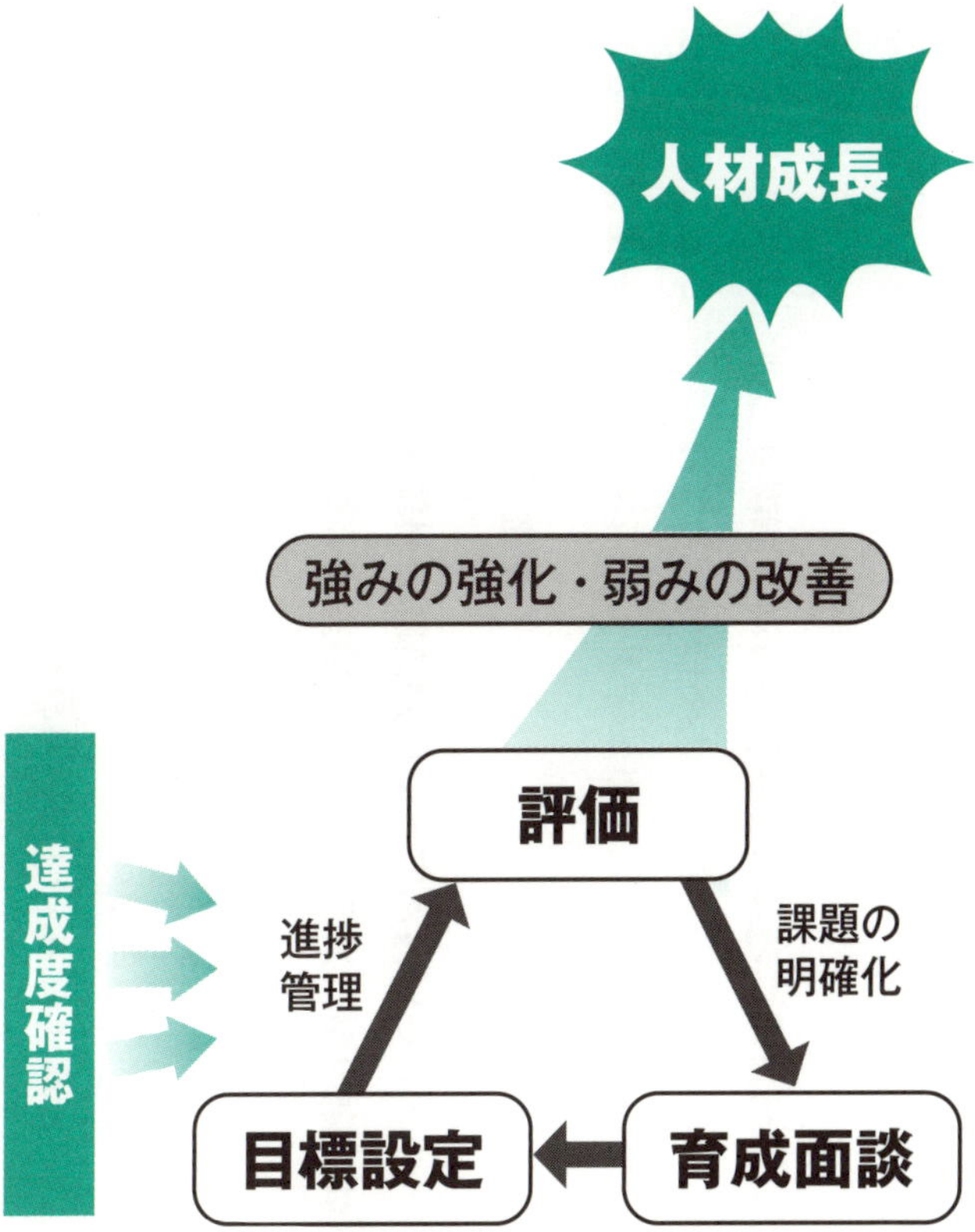

全社員の課題解決のPDCAを
継続的に回していくことが着実な成長につながる

いかがですか？　このプロセスがきちんと継続できていれば、人材が成長するはずですよね。なぜなら、評価で部下の現状を明確にして、課題を抽出する。その課題について「育成面談」で「目標設定」し、次の評価までの間に「進捗管理」を行ないながら、確認、改善を行なっていくわけです。これが正しく行なわれていれば、目標の達成と本人の成長につながるはずです。

そういう意味で、**人事評価制度は継続的かつ自動的に人材を成長させていく教育の仕組み**であり、結果として、**組織を自動成長させていくエンジン**となるのです。

☑ 社員の潜在能力を引き出す仕組み

私が約18年間、中小企業の人材に関する仕事をしてきて思うことがあります。それは、中小企業は、本当にもったいないことをしているなーということです。なぜもったいないのか。それは、**今いる社員が持っている力を発揮しきれていない場合が実に多い**からです。

個々の社員が能力をフルに発揮しきれていない。結果として、会社としての組織力も強くなりません。本当は社員はもっともっと優秀なのに活かしきれていない。活か

Point
★
全社員の能力を少しずつ、しかし、確実に引き出してくれるのが評価制度。

しきれれば、会社としてのパワーも相当あるはずなのに、と残念に思うのです。

これには、さまざまな原因が考えられます。「上司が頼りない」「会社の制度に納得できない」「社長の考え方がわからない」「会社がこの先どうなるかがはっきりしない」「同僚とうまくやっていけない」……等々。

人間の能力は、90％以上は潜在能力として眠っており、使いきれていないというのが通説です。

人事評価制度はこの潜在能力、発揮されていない、本来その人が持っている能力を引き出すことができるのです。

なぜなら、先ほど例にあげたような、能力の顕在化を阻害する障壁を取り除くことができるからです。評価や育成面談、その他のコミュニケーションの場を通じて、本人が能力を発揮できていない原因が明らかになってきます。その社員一人ひとりの原因に対処していくことで、障壁を一つひとつ取り払っていくのです。

7 人材が魅力的な組織をつくる

人材投資が会社発展のサイクルをつくる

☑「ヒト」への投資が利益を生み出す

本章第5節「中小企業の成長を阻害する3つの要因」で「ヒト・モノ・カネの順番で」というお話をしました。では、「ヒト」への投資を優先させることが会社にどのような利益をもたらすのかをお話ししましょう。

次ページの図にまとめています。人材投資をすることで社員のモチベーションをアップさせます。同時に、前節でお話したように、評価制度を通じた人材育成で社員が成長します。モチベーションが上がり、社員が成長することによって、顧客や取引先により質の高いサービスや付加価値を提供することができるようになります。

Point
★
人への投資が成長のスパイラルを生み出す第一歩。

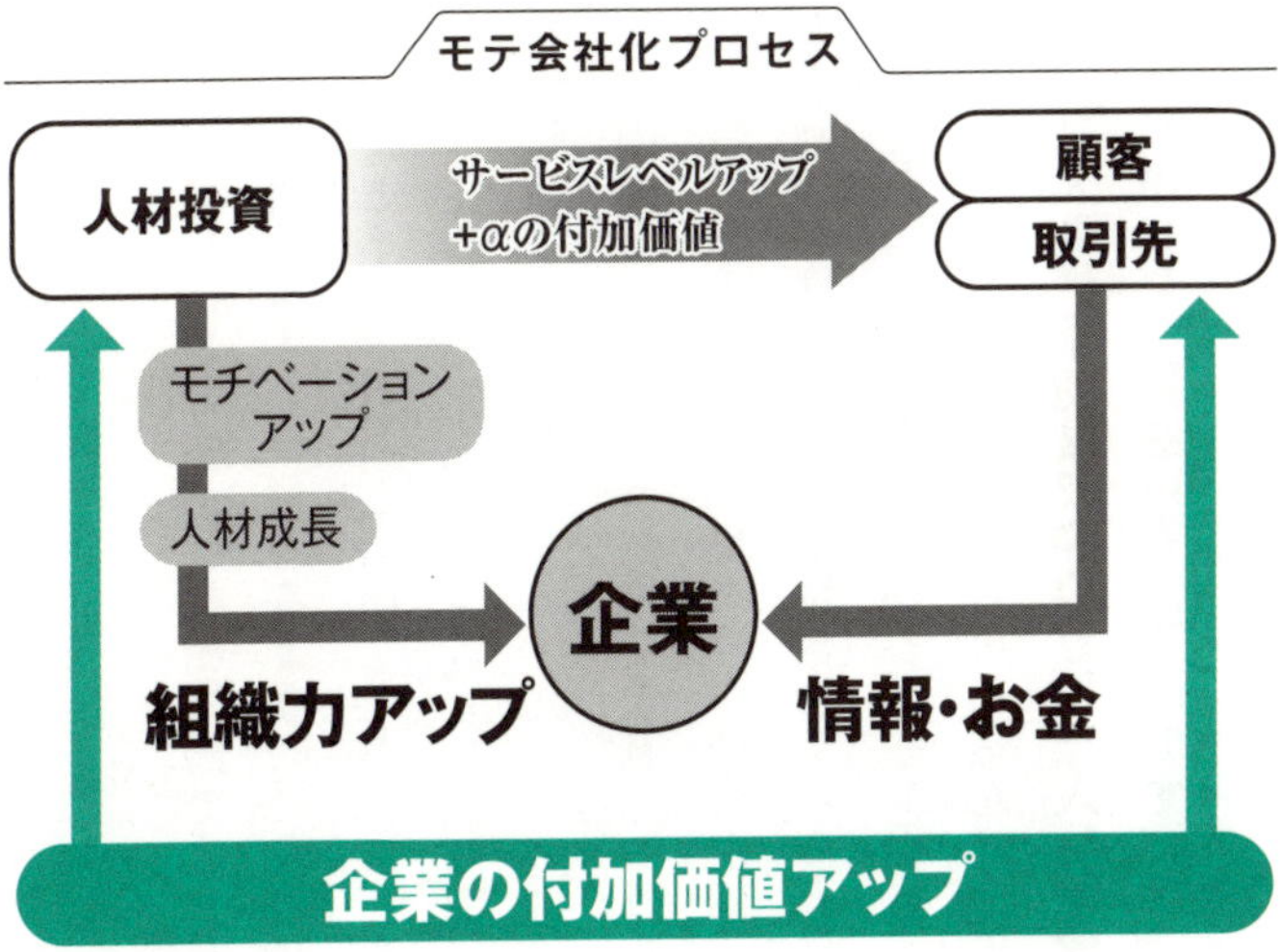

結果として、取引先は優先的に有用な情報を持ってきてくれるようになるでしょう。顧客の満足度は向上し、これが売上、利益となって還ってきます。サービスレベルが上がることで、顧客や取引先のレベルも上がって、さらに高い収益を会社にもたらすでしょう。

いかがでしょうか？　**人材への投資がまさに理想的な企業の発展活動につながる**ことが理解できると思います。最終的に企業全体の付加価値を増大させていくことができるのです。

☑「モテモテ会社」を目指す

この話にはまだ続きがあります。そ

うして、企業全体の付加価値が高まった会社はどうなるか……。キラキラと輝き出すのです。

不思議なことですが、業績好調で成長している会社は、会社自体にオーラがあります。人間にもオーラがあるように。その会社のフロアに入ったときに、ホームページを見たときに、社員と会話したときに、なぜかその活気ある雰囲気が伝わってくるのです。「元気」とかそういうひと言では言い表わせない何かが、「この会社は輝いている」と感じるのです。

この不思議なオーラが周りを惹きつけます。

さらに優秀な人材が集まり、顧客が向こうから声をかけてくれるようになり、もっと有利な条件で取引先と付き合えるようになってくるのです。

「あなたの会社と付き合いたい」と周りから言ってくれる状態です。「私と付き合ってください」と、相手から申し込んできてくれるようになるのです。

実は**人事評価制度を中心とした人材投資で、このような地域の圧倒的な「モテモテ会社」が次々と誕生している**のです。

第2章

間違いだらけの人事制度の常識

評価結果は必ずしも賃金に反映させなくてもよい

1 賃金制度の間違った常識

成果主義的人事制度がもたらした影響を検証する

☑「成果主義はやる気と業績アップに効く」は間違い お金で動く社員はお金で会社を去っていきます。

これが、長年この分野に関わってきた私の結論です。私は、「社員のやる気をお金でコントロール」しようとして、優秀な社員を失った会社を何社も見てきました。にもかかわらず、「お金が一番効果的」と、お金で社員を動かそうとする社長が跡を絶ちません。

なぜ、経営者に広くこのような意識が蔓延しているのか！

原因は、１９９０年代前半から流行した、成果主義的な人事制度にあります。成果

★
評価結果は賃金に反映させなくてもよい。

主義は中小企業でも導入した事例が多く、「社員のモチベーションは報酬でコントロールできる」という考え方が、一時、社会現象といってもいいくらいの勢いで、当たり前のように広まりました。

この成果主義が原因で、「馬人参で社員を働かせることも必要だ」（成果を出さなければ、給与を下げるぞ！）と口にする経営者もいるくらいです。

しかし、本当にこのような考え方が、社員のやる気を上げ、企業の業績向上に"効く"のでしょうか⁉ 残念ながら、これは間違った考え方だと言わざるをえません。

それどころか、**逆効果となる場合がほとんど**です。それは次の2つの理由からです。

ひとつは、賃金と業績の相関関係、2つ目は冒頭でお話しした、お金で動く社員をつくってしまう、という理由です。

☑「賃金が会社の業績を左右する」は間違い

賃金の額が社員のモチベーションに影響し、会社の業績を左右するという仮説が正しければ、給与が高い企業ほど業績はよいはずです。

ところが、実態はそうはなっていません。

第2章　間違いだらけの人事制度の常識

百貨店業界一賃金水準の高いエイチ・ツー・オー・リテイリング（平均年収８５３万円）は、前期（２０１３年３月期）約１０７億円の営業利益を確保しました。営業利益率は約２・０％です。一方、賃金水準は業界９位（平均年収６４７万円）の丸井グループは約２４３億円（同年同月期）の営業利益を計上し、営業利益率は約６・０％です。

アパレル業界で賃金１位はオンワードＨＤで平均年収は９４０万円です。前期（２０１３年２月期）営業利益は約１１１億円で営業利益率は４・３％。平均年収６７５万円で業界７位のユニクロでおなじみのファーストリテイリングは約１３２９億円の営業利益（２０１３年８月期）で営業利益率は11・６％。もちろん、売上もダントツナンバーワンです。

家電量販店業界で一番賃金水準が高いのは上新電機です（平均年収５５２万円）。営業利益は約54億円（２０１３年３月期、営業利益率約１・４％）。一方、圧倒的売上ナンバーワンのヤマダ電機は、年収ではなんと13位（平均年収３９２万円）ですが、営業利益は約３３９億円（２０１３年３月期）です。ほかの業界でも賃金水準が一番の会社が収益性も一番という業界はごくわずかです。(※)

賃金の金額と会社の業績結果に相関関係はない、ということは明らかでしょう。

※「年収ラボ」サイトより

Point
★
社長自身がお金(賃金)のことを気にしすぎるのです。

☑「お金でモチベーションは上がる」は間違い

2つ目ですが「社員のやる気を報酬でコントロールする」ということは、「結果を出せば報酬が上がる仕組みをつくってやる気につなげる」ということになります。

このような仕組みのなかでは、社員は「より多くの報酬をもらうために頑張ろう」とするでしょう。しかし、裏を返せば「報酬が上がらないなら、頑張ることはやめよう」という考えにつながります。

昨今の経済環境を考えると、右肩上がりで成長を続ける会社のほうが少ないでしょう。このような環境の下では、総人件費を下げざるをえない会社も出てきます。そんな会社に勤めている社員は、今の会社にいるかぎり、自分の給与を上げるのはきわめて困難だ、と思ってしまいます。

あとは、頑張らずにそこそこの仕事と給料で満足するか、見切りをつけて、最終的にはより多い報酬がもらえる会社へと去っていくでしょう。

いかがでしょうか？　そう、**成果主義の会社は、社長自ら、お金で会社を去っていく社員をつくってしまった**のです。

2 評価制度の間違った常識

最も陥りやすい評価制度の勘違い

☑「評価結果は賃金に反映させなければならない」は間違い

評価を賃金に結び付けることで、予期せぬ失敗を招いてしまっている例が多くあります。評価を行なったら必ず評価結果を昇給、あるいは賞与に反映しなければならない、と「評価→賃金」をセットで考えている経営者の方も多いようです。

こういう人は、ほとんど**人事評価制度の本来の目的、ゴールを誤認しています。**人事評価制度の本来の目的は「人材育成を通じた経営目標、ビジョンの実現」です。これを、「賃金（昇給や賞与）を決めること」と誤解してしまっているのです。

こういう考え方になってしまうのは、ある程度はやむをえないかもしれません。な

Point
★
まず評価と賃金を切り離してみましょう。

ぜなら、評価結果を賃金に反映することは当たり前に行なわれてきましたし、人事評価制度がある会社であれば、賃金制度のルールとして実践されていることだからです。

しかし、この当たり前に行なわれてきて、常識として考えられていることこそ、人事評価制度を失敗に導く落とし穴となってしまう場合があるのです。

具体的に説明しましょう。もちろん、私が支援しているクライアントでも、ほとんどの会社で評価結果を賃金に反映はしています。私は、賃金に反映することが間違いだと言っているわけではありません。それを、目的、ゴールとしてしまうことが間違いだ、ということが言いたいだけです。

では、〝賃金への反映〟の位置づけとは何でしょうか？　それは本来の目的である「経営目標の達成」のためのプロセスのひとつ、いわば手段にすぎないということです。

ということは「経営目標の達成」という目的の実現のために有効な手段であれば実施すべきであるし、逆に有効でなければ実施すべきでない、ということになります。

実際に、私が支援する会社のなかにも、賃金に反映することが必ずしも有効ではないと判断し、賃金と切り離して評価制度を運用しているところが数社あります。

では一体、どういう場合が賃金と切り離したほうが効果を期待できるのでしょうか。それは、次の3つのパターンの場合です。

まず、ひとつ目は、インセンティブ、歩合給的な要素を取り入れ、すでに賃金に大きな格差ができている場合です。そこへ、さらに評価と新賃金で格差を広げようとすると、社員の反発を買うことが想定されるケースがあります。このような制度と風土を持っている会社は当初から賃金に反映しないほうがよい場合があります。

次に、2つ目のパターンですが、業績などが原因で、評価を賃金に連動させると給与が下がる社員が多くなる、といった場合です。こうなると、社員側は、人事評価制度を給与を下げるための手段ととらえてしまい、モチベーションが下がってしまうのは明らかです。

もうひとつは、「評価は人材育成のための仕組みである」ということを徹底して浸透させていきたい場合です。このような風土をつくりたい会社は、あえて「賃金には当面、反映しない」ということを明言して、評価制度のみを導入するケースがあります。

そうすることによって、新たな人事評価制度改革の目玉は評価であり、それを人材育成に結び付けていくのが目的だということだけに社員の目を向けさせることができるのです。

人事評価制度の構築、改革に取り組む場合、まず、**評価結果を給与、賞与に連動させなければならない、という先入観は捨てましょう。**

☑「評価者研修で評価スキルを身につける」は間違い

中小企業ではこんなことがよく起こります。

ある部署の係長の仕事ぶりです。

仕事の処理スピードは速くてしかも正確、ミスもない。担当する業務に関する専門知識は誰よりも高いが、自ら周りの人に教えようとはしない。提案や改善を積極的に行なうことはないが、上司が課題を与えると、いつも的を射た対策や改善案を持ってくる。

この係長に対する社長の評価はかなり低いものでした。評価制度を導入し、評価してみると「D」評価（評価判断を「SS・S・A・B・C・D・E」の7段階評価とした場合）。ところが、直属の上司、K課長に評価してもらうと、評価結果は「A」。社長の認識とは大きなギャップがあるということになります。

こんなとき、社長は「K課長はまったく評価の方法を理解していない。評価のスキルを身につけてもらうため、徹底した評価者研修を実施すべきだ」と考えます。

しかし、これは間違った問題の解決方法です。評価者研修をいくら実施しても、評価者間の判断のバラツキを解消することはできません。なぜならば、評価者研修で教わることと、実際に部下を評価することには大きな開きがあるからです。

評価者研修ではお決まりの「※ハロー効果」や「※極端化傾向」「※理論誤差」など、評価時のエラーについて説明したり、モデルケースを使って評価の演習を行なったりします。しかし、このような評価に対する正しい考え方を学び、理論的なことを理解しただけでは、現場での部下の行動に結び付けて適正に評価に反映することは難しいのです。

Point
★
社長と現場リーダーとの評価には大きなギャップがあるものです。

実際、評価には半年、あるいは四半期の対象期間があるわけですが、その間に評価者研修で学んだことは忘れてしまいます。評価の時期になって、いざ評価を実施しようとすると、それまでにできあがっているその社員のイメージによる評価だったり、直近のできごとだけを大きく評価に反映してみたり、思いっきり評価のエラーを犯してしまうのです。このように、評価者がそれぞれの思いと視点で評価をしてしまうため、評価にバラツキが出てしまいます。

この評価者間のギャップを埋めるためには、実際の評価結果に基づいて、その判断基準の〝モノサシ〟をそろえていくしかありません。このために行なうのが**「育成会議」**です。詳しくは、第6章の第3節「いよいよ運用。設計よりも全力投球で!」で解説しますが、実際の評価結果をもとに「育成会議」で、評価者間のすり合わせを徹底して行ないます。

いくら評価者研修を繰り返しても、それだけでは机上の空論で終わり、評価者間の〝モノサシ〟がそろうことは永遠にありえないのです。

※ハロー効果……対象社員がひとつの要素にとくに優れていたり、反対に劣っていたりするとそれが先入観となり、ほかの要素も全部優れている、あるいは劣っていると判断してしまう評価時のエラー

※極端化傾向……どんな項目でも極端に大きく差をつけようとしてしまう評価時のエラー

※理論誤差……ひとつの評価項目に対する評価をほかの項目へ〝論理的〟に結び付けて評価してしまう評価時のエラー

☑「『フィードバック面談』は評価結果を伝えること」は間違い

通常、評価制度を実施している企業では、評価結果を本人へ伝えるための面談を行ないます。これが「フィードバック面談」です。しかし、その目的を正しく理解している企業は意外と少ないようです。

ある会社でこんな事件が起こりました。

その会社では、人事評価制度を導入して約1年半。すでに、評価とフィードバック面談を半年ごとに実施していました。私たちは、現状の運用状況の確認と指導、問題点を把握するために、社員の方へ直接ヒアリングを行ないました。

すると、社員のなかから「フィードバック面談を受けていない」「フィードバック面談を電話で受けた」というような、とんでもない状況が発覚したのです。そのなかのひとりの女性社員は涙ぐんで、「自分がやっていることがほとんど認められていない。やりがいが感じられない」と漏らす始末。

この状況を深刻に受け止めた私たちは、「いいかげん」な面談を行なっていたであろう上司側からも事情を聞きました。

そうすると、彼らの言い分は、

「フィードバック面談は評価結果を伝えることが目的なので、電話でも結果が伝われば問題ないでしょう」

「私は、ちゃんと評価結果は本人に伝えましたよ、でも、もしかしたら雑談のなかで伝えたので、本人はフィードバック面談とはとらえていないかもしれませんね―」

とんでもない話です。原因は明確です。評価者がフィードバック面談の位置づけ、目的を勘違いしているのです。

「フィードバック面談の目的＝評価結果を伝えること」

と、間違った認識をしてしまっていたのです。

この事件以来、私は「フィードバック面談」という名称にも原因があったと考え、「育成面談」と改め、

「育成面談の目的＝成長支援の場」

と徹底して、面談を実施しました。さらに、「育成面談研修」という育成面談のためだけの研修プログラムを開発し、必ずこの「育成面談研修」を受けてから育成面談を実施してもらうようにしました。

評価結果に基づいた面談を行なうときは、「育成面談」とか「成長支援面談」という名称にし、面談の目的を「評価結果に基づいて次の改善目標・課題を明確にし、成長を支援すること」と全社員に認識させてから実施するようにしましょう。

3 導入のしかたを間違っていませんか？

不具合が出て当たり前。制度の導入には柔軟性が必要

☑「一度決めた制度は変えてはいけない」は間違い

人事評価制度は、社員のやる気アップに効く仕組みですが、逆に、社員のやる気を低下させてしまう場合があります。注意が必要です。

事例でお話ししましょう。

H社で人事評価制度導入後、第1回目の評価を行なったときのできごとです。新しい人事評価制度ができて、若手中心のH社の社員は「将来の社内での目標や自分自身の成長ビジョンが持てる」と、意気揚々として評価に取り組んでくれました。

ところが、評価結果を集約してみると、非常に悪い。「SS・S・A・B・C・D・E」で分類すると、「SS」「S」「A」評価は存在せず、「B」評価の社員が約20％、「C」評価が約50％、「D」評価が約30％という結果になってしまいました。

しかし、制度のルールに基づいて導き出された評価結果なので、これを調整することはかえってよくないだろうと判断。そのまま本人に結果を伝えると、不満がいっきに噴出したのです。

「こんなに頑張っているのに会社は評価してくれない」

「モチベーションを上げるための人事評価制度のはずなのに、これでは、モチベーションが下がる一方だ」

「上司は減点方式の評価で、まったくよいところを見てくれない」等々……。

結局、評価結果を一段階甘めにスライド（B評価の社員をA評価に、C評価の社員をB評価に）させ、なんとか反発を収拾できました。しかし、社員はこの評価を行なったことによって会社や人事評価制度に対して不信感を持ってしまい、その後の対応にもかなり苦慮しました。

このような反発が起こらないよう、事前に対処するためにはどうしたらよいのでしょうか⁉

それは、**制度のルールを破ればよいのです。**どういうことかというと、社員に結果をそのままフィードバックすると不満が出るのがわかりきっているならば、不満の出ないように評価結果を調整すればよいのです。

H社の例で言うと、不満が出た後に行なった、評価の甘辛調整を面談前に実施しておくのです。

頭の固い総務系の担当者に任せていると、とんでもない事態を招くことになりかねません。経営者の判断で、ルールに反してでも、臨機応変な対応を積極的に行なわなければならないこともあるのです。

あなただったら、ルールを守ることと、社員のやる気、どちらを優先させますか？

☑「うまく運用できないから導入しないほうがよい」は間違い

こんなことをおっしゃる経営者もたまにいらっしゃいます。

Point
★
改革に抵抗や不満はつきもの。
課題が明確になり解決に向けて進んだと考えましょう。

「今回構築した人事評価制度は○○の部分がうまくいかないので、自社には合わないんじゃないか、やはり導入はやめたほうがよいのではないか」

しかし、一度評価制度や賃金制度を運用してみて、うまくいかない場合もご安心ください。「人事評価制度」はうまくいかない部分が出てきて当然なのです。

これまでの多くの書籍やコンサルタントは、こうやればうまくいく、こういう考え方で、この通りに運用しなければならない、公平な評価をするためにはここがポイントです、などと教え、ルール通りに運用することを強制します。

これまでは、誰も運用段階で不具合が出た場合、どのように対処したらよいのかを教えてきませんでした。しかし、現実には不具合は必ず出るので、その対処と仕組みの改善が必要です。これに対処できない中小企業が人事評価制度をうまく運用できていないのです。

その対処の方法と技術については、第6章で詳しく説明しますので、ここでは**「不具合の出ない人事評価制度はない」**とだけ覚えておいてください。

第3章

ビジョン実現型人事評価制度を導入しよう！

人事評価制度の目的は？
ほとんどの人は不正解

1 ほとんどの会社はゴールを間違っている

失敗したり中途半端に終わるのは改革の目的を間違えているから

☑プロジェクトの成功はゴールの明確化から

イベントやプロジェクトにはゴールを設定する必要があります。

たとえば、プロ野球のペナントレースであれば、各チームは優勝というゴールを設定して、選手がそれぞれの仕事を全うしようとプレーしています。

新商品の開発プロジェクトであれば、販売目標を設定し、その商品の市場における役割や自社での位置づけを明確にして、開発に取りかかるでしょう。

同じように、「人事評価制度改革プロジェクト」も、まずはゴールを明確にしたうえでプロジェクトをスタートする必要があるのです。

Point
★
ゴールの設定次第でそのプロセスは変わる。

☑人事評価制度が目指すべきゴールはひとつ

a「納得感のある評価の実現」
b「モチベーションのアップ」
c「人件費の公平な分配」
d「役割と目標の明確化」
e「社員のキャリアプランの明確化」

さて、人事評価制度のゴールはどれにすべきでしょうか？

実はどれも間違いです。

人事評価制度のゴールはどんな会社でも共通です。それは、**「人材育成を通じた経営目標の達成」**です。

ところが一般的には、この「人材育成を通じた経営目標の達成」をゴールに設定して取り組んでいる会社は、私の知るかぎりほとんどありません。ほとんどの会社は間違った、前述のa〜eを「人事評価制度改革」のゴールに掲げています。

これが、人事評価制度改革が失敗したり、中途半端で終わったりする大きな要因となっています。

達成できないことをゴールにしない

では、なぜa～eのような内容はゴールにならないのでしょうか。それは、次の2つの理由からです。

ひとつ目は、**これらのゴールは、決して達成することができない**からです。

あなたの会社の社員全員が「評価に納得し続ける」ことが可能でしょうか。「高いモチベーションを維持し続ける」状態が実現できるでしょうか。「給与・賞与の額に常に満足し続ける」ことができるでしょうか。

もし、できたら素晴らしい会社となり、業績もうなぎのぼりでしょう。一時的には可能かもしれませんが、長続きはしないでしょう。少なくとも、私の経験からはすべて「不可能」と言わざるをえません。

人事評価制度は社員のためのもの？

2つ目は、全社的な改革プロジェクトには会社全体に関わるゴールを設定すべきだからです。

ａ～ｅはすべて社員個々人に関わる事柄です。一方、「人事評価制度改革」は会社の経営改革であり、あくまでも会社がよりよくなるために取り組む経営課題、プロジェクトです。**カッコをつけて「社員のために」というようなゴールを設定するから失敗するのです。**

正直に、「人事評価制度改革」は「会社の将来のため」のものと明確にし、それを「本気で、一緒に目指してくれる社員にはもちろんいいこともあるよ」、というスタンスでいいのです。

念のために付け加えておきますが、ａ～ｅはプロセス目標としては適切です。会社の将来のビジョンを実現するために、「できるだけａ～ｅを実現していきます」という示し方はありです。もちろん、人材を活かすために追求し続けていくべき課題であることは間違いありません。

私が、クライアントの改革にプロジェクトメンバーとして参加するときは、「ａ～ｅについては、１００％実現は無理ですが、プロセス目標として１００％に近づけるよう推進していきます」とはっきり伝えています。

☑経営計画でビジョンを明確にする

これまでのところで、人事評価制度の目的は会社の経営目標の実現であるということがご理解していただけたと思います。

そう、プロジェクトを成功させるにはゴールを明確にすべきだということです。

あなたの会社の人事評価制度改革は、冒頭でお話しした、「プロ野球ペナントレース→優勝」という関係が明確になっていますか。

では、この「優勝」にあたるものは?

それは、「会社の経営目標」「会社のビジョン」「○○年後の会社のあるべき姿」です。これらを明確にする必要があるのですが、それをわかりやすく具体的に文書化したものが「経営計画書」なのです。ですから、人事評価制度を構築するには、まず、会社の「経営計画書」が存在する必要があります。この「経営計画書」を実現するための人事評価制度、それが**「ビジョン実現型人事評価制度」**なのです。

2 まず、経営計画書を作成する

人事評価制度構築にはその前提となる経営計画書が必要

☑ 経営計画書には3つの目的がある

「会社は経営計画書を作成すべきです」というお話をすると、こんな反論が必ずあります。

「こんな先がわからない時代に将来の予測なんて立てられっこないよ」

「どうせ計画をつくっても狂ってくるんだから、つくらないほうがマシだ」等々……。

そこで、念のためその必要性をお話ししておきます。経営計画書の必要性を十分に理解しているという方はこの節は、読み飛ばしていただいて結構です。

経営計画書の必要性について、その目的から考えてみましょう。経営計画書の目的は「会社の将来を社員と共有するため」「会社の発展のため」「会社の価値を上げるため」。この3つに集約されます。

☑ 会社の方向性を理解しているのは10人にひとり

私は仕事柄、クライアントの社員の方へヒアリングをすることが多々ありますが、管理職の方も含めて、会社の方向性を理解できている人は10人にひとり、いるかいないかです。

これでは本来、社長が求めたい考え方や仕事が社員に浸透するわけがありません。社員のベクトルが合っていないという状態ですから、当然、会社が目指すべき方向に向かっていく力は弱くなります。

原因は、

① 経営理念やビジョン、経営計画書が明文化されていない
② 経営計画書はあるが、単年度である
③ それらを社員の行動に落とし込む仕組みがない

この3つです。

①については、まずは経営計画書を作成、明文化しましょう。いくら社長が頭のなかでイメージを持っていたとしても、社員に日々伝えているつもりでも、思いの10%も伝わっていないのが実情です。

文章にして社員に渡すだけでも、10倍伝わり方が違います。

「ビジョン」とは、「会社のN年後の将来の姿」です。しかし、②にあげたように、「経営計画書」というタイトルにはなっていても、意外に、数値計画などは当該年度のものしか設定されていないものも多く見受けられます。

これでは、単年度の目標は共有できても、将来のビジョンを社員と共有することはできません。

経営計画書があったとしても、社員が行なうべき行動などに落とし込めていない会社も多くあります。それは、落とし込みの仕組みがないからです。

この**社員一人ひとりの行動と会社のビジョンをリンクさせることができるのが「ビ**

ジョン実現型人事評価制度」なのです。

☑不透明な時代だからこそ経営計画を立てる

先ほどもお話ししましたが、

「こんな時代に先のビジョンなんて予測できるわけはないし、目標を決めても達成できるわけがないよ」

とお考えの方も多いのではないでしょうか。

そういう方に私はこうお答えします。

「社長、今のような時代だからこそ経営計画書が必要なんですよ」

この先行き不透明な時代だからこそ、将来を予測し、計画を練る。しかし、その目標は意に反して未達で終わる場合も多い。未達だからこそ、その要因を明確にし、足りなかった部分を次の経営計画書に盛り込むのです。

このような努力をやるのとやらないのとでは、会社の経営の安定度や発展性に差が出てくるのは当然だと思いますが……、いかがでしょうか。

Point
★
経営計画書は自社が
「どこへ・いつ・どうやって」いくのかを明確にする。

☑ 作成し、伝えていくことでビジョンの実現性が高まる

知名度や社会貢献度が高い会社で、経営理念や会社のビジョンが明確になっていない会社はあるでしょうか?

多分ないはずです。このような立派な会社には経営理念が存在し、経営計画書も必ず作成されています。ということは、経営計画書がないことには立派な会社にはなりにくい、ということも考えられるのではないでしょうか。

経営計画書を作成したらまずは、社員に向けて発表し、その思いを伝えます。経営ビジョン発表会です。第5章で詳述しますが、これが「人事評価制度改革プロジェクト」を成功させるための重要なステップとなります。

また、できれば思いを共有する取引先にも渡したほうがよいでしょう。ホームページや会社案内を通じて顧客や地域の人にも伝わっていくでしょう。新入社員の採用のときには、自社の理念や考えを伝えて、共感した人に入社してもらうようにしたいものです。

このように経営計画書を作成し、周りに伝えていくと、自社に関わる人々に自然と伝わっていくのです。そうすることで、社長自身の実現しなければならない、という決意もさらに高まると同時に、周りの励ましや協力もあって、実現に向けて確実に近づいていくことになるのです。

今後は、**経営理念や会社の考え方が明確になっていない会社は、徐々に地域や社会に受け入れられなくなっていくでしょう。**それを予感させるような不祥事が最近ではたくさん起こっています。

どうですか？　経営計画書を作成するとよいことばかりでしょう！

次章では、その経営計画書の作成方法を手順を追って解説していきます。ここでは、経営計画書を1枚のシートでわかりやすくまとめた「ビジョン実現シート」に沿ってその作成ノウハウを伝授していきます。

第4章

ビジョン実現シートを作成する

経営計画書はたったＡ４、一枚で十分！

1 すべてはここから！　経営理念を定める

「経営理念」「基本方針／経営姿勢」「ビジョン」を策定する

☑①5つのステップで「経営理念」を考える

「ビジョン実現シート」は88〜89ページのような構成になっています。経営計画だけではなく、**人材に対する考え方とビジョンも1枚のシートにまとめているのが特徴**です。シートのタイトルは自社のプロジェクトの名称にします。以下、この作成手順に従って説明していきます。

まず最初に、「経営理念」を定めます。

経営理念の必要性に関しては、今さら私がお伝えするまでもないでしょう。さまざまな書籍でも言い尽くされている感がありますし、多くの研修も行なわれており、参加された方も多いのではないでしょうか。理念の構築や浸透、実践に関するコンサルティングも存在し、私が携わったクライアントのなかにも、コンサルタントと徹底した理念の落とし込みに取り組んでいるところもあります。

ただひとつ、私が痛切に感じていることがあります。

それは、経営理念を定めても、その活用に成功しているところは極々わずかである、ということです。この経営理念の活用、すなわち、「社員全員に経営理念を理解させ、実践させ続け、効果を上げる」ことができるのが、「ビジョン実現型人事評価制度」なのです。

次に、経営理念の考え方、作成方法についてですが、これも1冊まるまる理念について書かれている書籍もありますので、詳しく勉強したい方はそちらを参考にしてください。

ここでは、できるだけ簡単かつ明確に経営理念を作成する方法をご紹介しましょう。とてもシンプルです。次の5つのステップに沿って経営理念を作成してください。

Point
★
シンプル・わかりやすい＝社員が理解する。
経営計画書はＡ４、一枚で！

事例は巻頭折込シート参照

プロジェクト

タイトルはプロジェクトの名称を入れる

4 ビジョン

「会社の将来像」「5年後の会社の姿」を記入。「定量ビジョン」と「定性ビジョン」の2つを示す（99ページ参照）

戦略

社員人材像

ための課題

役職者

1 経営理念

「経営理念」を明記する（86ページ参照）

2 基本方針／経営姿勢

どういう方針、方向性で「経営理念」を実現していくのか、会社の基本となる姿勢、考え方を書く（95ページ参照）

3 行動理念

「経営理念」「基本方針／経営姿勢」を実現するため社員に求める行動、考え方の指針を決める（98ページ参照）

10 人事理念

人材に対する根本的な考え方を表現する（116ページ参照）

11 プロジェクト・コンセプト

最終的にプロジェクトが目指す方向性と成果を明確化。社員が楽しく、幸せになるものにする（117ページ参照）

ビジョン実現シート作成手順

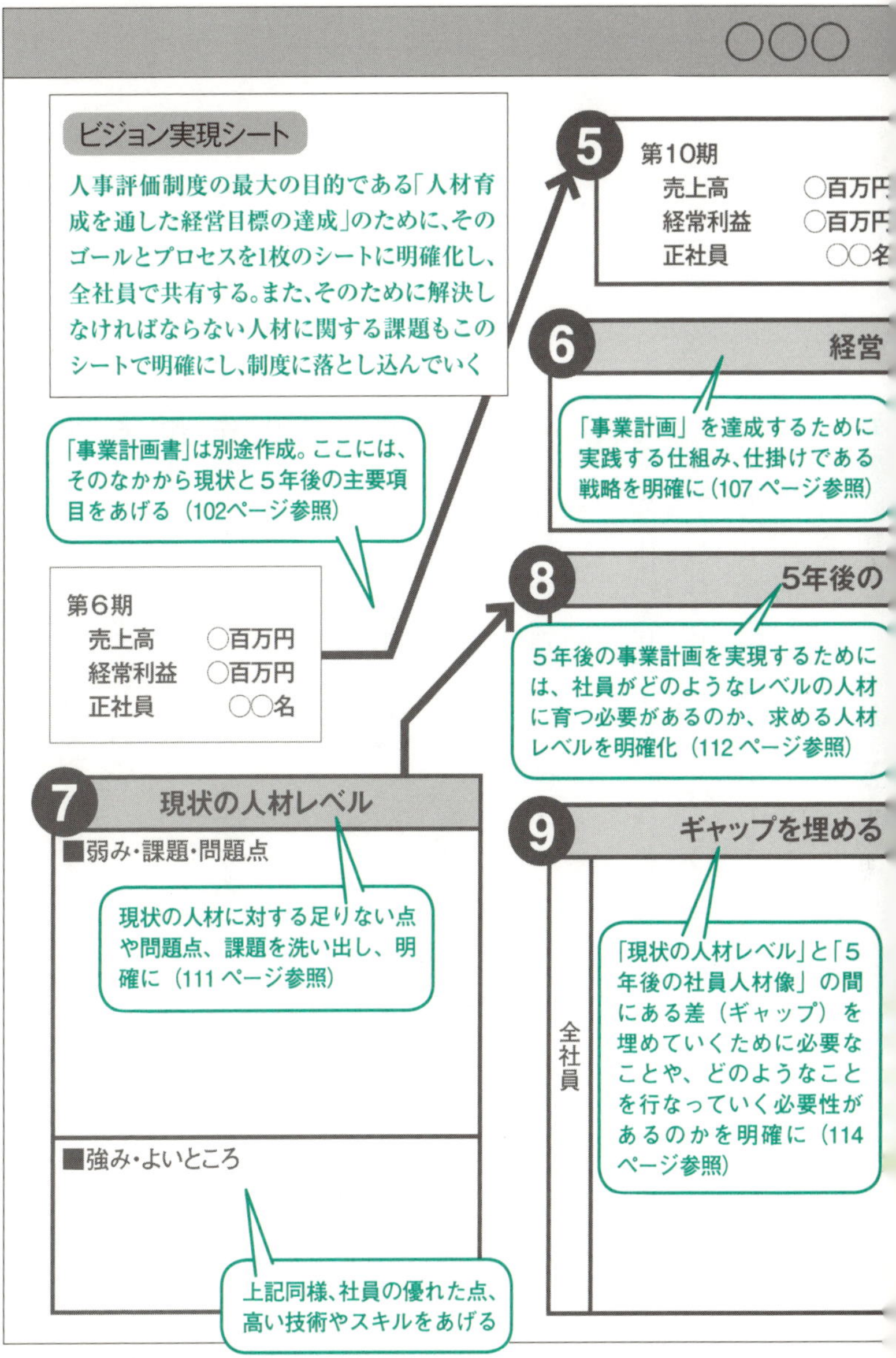

○○○
ビジョン実現シート
人事評価制度の最大の目的である「人材育成を通した経営目標の達成」のために、そのゴールとプロセスを1枚のシートに明確化し、全社員で共有する。また、そのために解決しなければならない人材に関する課題もこのシートで明確にし、制度に落とし込んでいく
「事業計画書」は別途作成。ここには、そのなかから現状と５年後の主要項目をあげる（102ページ参照）
第6期
売上高 ○百万円
経常利益 ○百万円
正社員 ○○名
5
第10期
売上高 ○百万円
経常利益 ○百万円
正社員 ○○名
6
経営
「事業計画」を達成するために実践する仕組み、仕掛けである戦略を明確に（107 ページ参照）
8
5年後の
５年後の事業計画を実現するためには、社員がどのようなレベルの人材に育つ必要があるのか、求める人材レベルを明確化（112 ページ参照）
7
現状の人材レベル
■弱み・課題・問題点
現状の人材に対する足りない点や問題点、課題を洗い出し、明確に（111 ページ参照）
■強み・よいところ
上記同様、社員の優れた点、高い技術やスキルをあげる
9
ギャップを埋める
全社員
「現状の人材レベル」と「５年後の社員人材像」の間にある差（ギャップ）を埋めていくために必要なことや、どのようなことを行なっていく必要性があるのかを明確に（114ページ参照）

ステップ1　他社の経営理念を数多く見る
ステップ2　自分の思いをできるだけ多く書き出す
ステップ3　できるだけシンプルにまとめる
ステップ4　一度作成した案を昇華させる
ステップ5　10年先も使えるかどうか考え、決定する

これだけでOKです！

ステップ1　他社の経営理念を数多く見る

まずは、数多くの事例に触れてください。そして自分の持っているイメージに合う経営理念を3～5つ選んでおいてください。

ここでいうイメージとは、経営理念の構成・実現や文章の長さ、カッコよさなどです。

「理念たるもの、完全な自社のオリジナルでなければならない」と、自分自身で生み出そうとする人もいるかもしれませんが、私はそうは思いません。

もちろん、オリジナルである必要はあるのですが、世の中には自社の目指すべき

Point
★
「理念なき行動は凶器。行動なき理念は無価値」
本田宗一郎(※)

経営理念事例

1 **経営理念**

お客様と地域に愛され、会社と社員の幸せを実現します

「理念」に近いものを定めている会社は必ず存在するものです。

それを活用しない手はありません。

経営理念は作成するのが目的ではなくて、社員の行動や意識に落とし込み、実績につなげるのが目的です。これができないと、理念が実現するはずはありません。

この「作成後のこと」を考えると、他社の事例を参考にしたほうがよいでしょう。

すでに成功している会社のものを参考にするわけですから、成果につなげることができる確率はグンと高まります。

ステップ2　自分の思いをできるだけ多く書き出す

次に、社長である自分自身の考え方を反映させるための準備をします。ここでの作業があなたの会社

※『本田宗一郎―やってみもせんで、何がわかる』 伊丹敬之著(ミネルヴァ書房)

の理念をオリジナルのものにします。

「自社は何のために存在するのか」

「自社は何をもって周りの人や社会に貢献するのか」

「そのためにどうあるべきか、何をすべきか、何をしてはならないか」

この3つの質問に対して、じっくり自分自身で考えて、「〜したい」「〜べきだ」という文末で、できるだけ多くの文章を書き出してみてください。

まだこの段階では、理念の材料として間違っていないかとか、おかしいのではないかなどと考える必要はありません。

とにかく文字にしてみてください。

ステップ3　できるだけシンプルにまとめる

3番目のステップで、いよいよ、経営理念の形にしていきます。

ステップ1で選んだお手本の経営理念を参考に、ステップ2で書き出した言葉を使って自社の経営理念の案をつくってみます。異なった構成・表現の案を3案作成してみましょう。

ここでも、細かい部分がふさわしいかなどにこだわらず、**とにかく3案作成してみ**

る点がポイントです。

ステップ４　一度作成した案を昇華させる

次のステップは少し時間がかかります。経営理念案を１枚の紙に書いて（またはワープロなどで打ち出して）、**最低１週間持ち歩きましょう。**縮小コピーして、手帳に貼り付けるなど、いつでも手に取って見ることができる方法で携帯してください。

経営理念案を見るタイミングは、思い出すたびに毎回です。

お客さんとの打ち合わせのとき、社員を叱ったとき、経営者仲間と話しているときなど、どんな場面でも経営理念のことを思い出すたびに見返してみてください。

そして、聞ける人には積極的に意見を聞いてみてください。きっと、いろいろなアドバイスをもらえることでしょう。

とくにお客さまからの意見は貴重です。

ただし、「全員の意見を反映、あるいは満たせるような経営理念にしよう」などという考えがあれば捨ててください。あくまでもよりよいものに昇華させるための情報を集めるだけで、自分の根本的な考え方がブレないようにしておかなければなりません。

ステップ5　10年先も使えるかどうか考え、決定する

最後のステップです。ステップ4で集めた意見やアドバイスを参考にしながら、ひとつの経営理念にまとめあげましょう。

そして、それは10年後も使えるものかどうか確認します。10年後のあなたの会社の状態をイメージし、できるだけリアルに思い描いてみてください。

どうですか、10年後もここまでで作成した経営理念を目指して、頑張っている社員のみなさんの姿が見えますか？

見えてくればＯＫです！

その経営理念でいきましょう。

見えてこなければ、どこかが会社の将来像とズレているということです。もう一度ステップ１もしくは２に戻って作成し直しましょう。

最低限必要なシンプルな内容のみに絞り込むというのも、10年以上使えるものにするためのコツです。

基本方針／経営姿勢事例

❷ 基本方針／経営姿勢

- お客様へ「真心を込めたサービス」と「感動」を提供します
- 優れた品質・サービスを提供し続けます
- 安定経営に向けて、利益を確保し続けます
- 希望と誇りを持てる会社を目指します
- 社外の関係先とともに成長できる関係を目指します
- 職場環境の向上に努めます
- 環境への配慮を常に心がけます

☑ ②「基本方針／経営姿勢」を考える

次のステップは、「基本方針／経営姿勢」づくりです。

まず、「基本方針／経営姿勢」の位置づけですが、「経営理念」をどういう方針、方向性で実現していくのか、という会社の基本となる姿勢、考え方を表現したものです。

こちらも、上に事例を掲載していますので、先に見ていただくとイメージを持ちやすいかもしれません。

「具体的な言葉が出てこない」という方は次の5項目について考えてみてください。

①お客様に対する姿勢（方向性・考え方）を明確にする
②商品に対する姿勢（方向性・考え方）を明確にする
③社員に対する姿勢（方向性・考え方）を明確にする
④地域や経済、社会に対する姿勢（方向性・考え方）を明確にする
⑤環境や社会的責任に対する姿勢（方向性・考え方）を明確にする

このなかで、①、②、③は必ず、④、⑤は必要に応じて盛り込みます。現状やこれからの時代を考えると、④までは入れることをお勧めします。

なぜならば、なんらかの形で地域や社会に貢献している仕事や事業でないと、今後は生き残っていけない時代になってくるからです。それを具体的に表現できないような仕事（現状、地域や社会への貢献を意識していなかったとしても）は、事業自体の見直しを検討したほうがよいでしょう。

「基本方針／経営姿勢」は会社の姿勢・考え方ですが、ただ表現するだけではありません。社員はこれに基づいて行動し、お客様や部下へ伝え、会社もホームページや採用活動を通じて地域の企業や人々へ伝えていくものです。ここまでのことを頭におい

Point

★

基本方針は社外(社会・地域・業界など)に対する考え方を盛り込むのがポイント。

て中身や表現を考えるべきです。

ここで注意しなければならないことは、**「気恥ずかしい」と思う必要はない**、ということです。

「うちは、社会貢献なんて大きなことを考えるレベルの会社じゃないよ」とか、「今まで利益追求でずっとやってきた私が、地域貢献だ、なんて言っても『何を今さら』と言われるのがオチだ」とおっしゃる方が結構いらっしゃいます。

しかし、これまで考えていなかったから、目指していなかったからこそ、これから目指していくべきではないでしょうか。

このようにお考えの方は、とくに長く経営に携わっている方に多いようです。

しかし、長年経営を続け、存在し続けた会社の事業に「社会的意義」がないなんてあるわけがありません。社会的に認められない会社であれば、とっくに自然淘汰され消えていっているはずです。

たとえば、500棟の家を建てた建築会社なら「地域の街づくりや家族の幸せ、団欒」に貢献したでしょうし、印刷会社なら「印刷物を通じた情報提供」や「広告などを通じた地場企業の発展」に貢献しているでしょう。レストランなら「食文化の発展、食を通じた人と人とのコミュニケーション」、旅行代理店なら「思い出のプロデュース」をサポートしているはずです。

自分たちがやってきたこと、築いてきたものに自信を持ってください。

このように自社のやってきたことを整理し、具体的に表現するだけでよいのです。いかがですか？　たくさんありすぎてまとめきれない方もいるのではないでしょうか？

③「行動理念」を定める

さて、次に行動理念を作成します。ここまでのところで、会社は「基本方針／経営姿勢」に従って「経営理念」の実現を目指します、ということが明確になりました。今度は、社員に対してその実現のためにどういう考え方で、どう行動してほしいのかを明確にします。これが行動理念です。

社員たちはもともと、仕事に対する考え方や関わり方、経験がバラバラです。しかし、組織をうまく運営していくためには、その社員たちが行なう仕事のベクトルをひ

行動理念事例

3 行動理念

- 「仕事は楽しく」「職場は楽しく」けじめを持ちます
- 社会人として良識ある行動を心がけます
- 仲間を思いやり、チームワークを大切にします
- 新しい技術にチャレンジし続けます
- 無駄を削り、効率を高めます
- 整理・整頓・清掃を徹底します
- 納期と約束を守ります

とつにそろえなければなりません。そのための指針が行動理念なのです。

行動理念は5～10項目、それぞれの表現を一文でまとめます。「基本方針／経営姿勢」の一つひとつに「～するにはどうすればよいか」と、問いかけながら作成すると出てきやすいでしょう。何より、社員に行動してもらうためにつくるので、わかりやすい言葉で表現するのもポイントです。

☑ ④2つの視点から「ビジョン」を明確にする

次にビジョンを明確にします。ビジョンとはひと言で言えば、**「将来像」「ある一定期間先（通常は5年先）の会社の姿」**とな

ります。

ビジョンは2種類設定します。「定量ビジョン」と「定性ビジョン」です。「定量ビジョン」は業績数値で示すもの。「定性ビジョン」は業績ではなく、一定年数後の状態を表現するものです。

ここも、事例を見ていただいたほうがわかりやすいと思いますので（次ページ参照）、考え方のポイントだけお話ししておきます。

まず、「定量ビジョン」で明確化する会社の業績数値ですが、まず、あなたの会社が次の3つのうち、どれを一番重要視して経営していくのかを決めます。「規模」「収益性」「生産性」の3つです。

「規模」を選んだ方は、「売上高」で定量ビジョンを明確にします。

「収益性」を重要視する方は、「経常利益」「営業利益」「各利益率」のなかから、「生産性」を重視する方は、「売上高／1人当たり」「粗利益／1人当たり」「経常利益／1人当たり」のなかから決めてください。

Point
★
ビジョンは社員がワクワクするようなものに!

ビジョン事例

4 ビジョン

●社員1人当たり粗利益額20百万円

●港区エリアで業界ナンバー1

上段：定量ビジョン、下段：定性ビジョン

ほかにも目標とする業績指標はあるかもしれませんが、ビジョンとして打ち出すのは1項目、これからの経営の方向性を表わす中心となる数値のみに絞り込んだほうがよいでしょう。

次に「定性ビジョン」を定めます。定性ビジョンは「〇〇年後の会社の状態」を表現したものです。直接的な業績数値は入れませんが、「東京都港区でナンバー1の建設戸数の工務店」「〇〇年にアンケートでのお客様満足度100％（現状87％）」「〇〇年100店舗、九州地区シェアナンバー1」など、数字で表現できると、社員に向けたわかりやすいメッセージになります。

2 目標達成に欠かせない経営戦略づくり

「事業計画」と「経営戦略」でゴールへの道筋を具体化

☑ ⑤5年後までの数値計画「事業計画」を明確にする

第1節「すべてはここから！　経営理念を定める」では、会社の考え方や目指すべき方向性を明確にしました。

要は、「自社はこういう考え方で、こういう方向性にいくぞ！」というところまではできたわけです。

なかには、この「経営理念」や「ビジョン」の部分だけを考えて、あとは社員任せという社長がいます。しかし、中小企業は、そのようなやり方ではせっかく掲げた「経営理念」や「ビジョン」は決して実現できません。

なぜならば、これから取り組む「事業計画」や「経営戦略」の立案は、社長しか持っていない能力を活用、駆使しながらつくっていく必要があるからです。

会社の本当の強みや実力、ライバルとの関係などを把握していることや、先を読む力、勘という能力などは、会社のなかでは社長が一番のはずです。そして、何よりこの「事業計画」・「経営戦略」には、社長の願望を盛り込む必要があるからです。

経営理念というゴールに向かって、具体的にどのようなステップで実現していくかを具体的に表現したものが「事業計画」と「経営戦略」です。

ここからのステップは**どうやって「ビジョン」に到達するのか、その道程を数字で明確にしていきます。**

これが「事業計画」です。

事業計画の構成ですが、将来の損益計算書を具体的に作成していくと考えていただいてかまいません。計画期間は5年後までがベストです。どうしても5年先まで想定できない場合は3年計画にしましょう。

事業計画に関してもこれだけをテーマに何冊も本が出ていますから、社長であれば、作成する前に1冊読んでおいたほうがよいでしょう。

私からのアドバイスは2つ、売上と人件費に関してです。

まず、売上に関しては「前年比○○%増」という決め方にしない、ということです。

なぜならば、そうやってつくった売上計画には、なぜ「○○%」になるのかという根拠がないからです。根拠のない数値計画に基づいて戦略を立てようとしても、適正なものが出てくるわけはありません。「絵に描いた餅」になってしまうのがオチです。

必ず、根拠がはっきりとわかる売上計画にしてください。

根拠がわかる売上計画にするには、売上の内訳を明確にする必要があります。

たとえば、顧客ごと、商品ごと、営業所ごと、地域ごと、営業マンごとなどの区分に分類して売上を考えてみるのです。

商品ごとであれば、あなたの会社にA商品、B商品、C商品、D商品という、4つの主力商品があったとします。この4つの商品それぞれ、これからの5年間でどのような売上高にしたいのか数値目標を決めて、その合計を売上高の目標とするのです。

そのほかの売上区分も同じ考え方です。

もうひとつの項目、人件費に関する計画のポイントですが、ここは意外と見落とし

5カ年事業計画事例

			第10期		第11期		第12期		第13期		第14期		第15期	
			2013/4～2014/3		2014/4～2015/3		2015/4～2016/3		2016/4～2017/3		2017/4～2018/3		2018/4～2019/3	
①	売上高	前年比	1,600	100.0%	1,780	111.3%	[illegible]	112.4%	2,240	112.0%	2,570	114.7%	3,000	116.7%
売上内訳	顧客別	A社	800	50.0%	750	42.1%	720	36.0%	700	31.3%	680	26.5%	620	20.7%
		B社	500	31.3%	480	27.0%	[illegible]	[illegible]	420	18.8%	420	16.3%	420	14.0%
		C社	300	18.8%	450	25.3%	[illegible]	[illegible]	660	29.5%	770	30.0%	850	28.3%
		新規D社	[illegible]	[illegible]	100	5.6%	250	12.5%	320	14.3%	400	15.6%	540	18.0%
		新規E社	[illegible]	[illegible]	0	0.0%	50	2.5%	[illegible]	[illegible]	[illegible]	[illegible]	350	11.7%
		新規F社	[illegible]	[illegible]	0	0.0%	0	0.0%	[illegible]	[illegible]	[illegible]	4.3%	220	7.3%
	商品別	商品a	1,200	75.0%	[illegible]	[illegible]	700	35.0%	[illegible]	[illegible]	[illegible]	[illegible]	20	0.7%
		商品b	300	18.8%	[illegible]	[illegible]	360	18.0%	360	16.1%	360	14.0%	360	12.0%
		商品c	100	6.3%	280	15.7%	580	29.0%	920	41.1%	1,180	45.9%	1,340	44.7%
		新商品d	0	0.0%	150	8.4%	360	18.0%	590	26.3%	690	26.8%	990	33.0%
		新商品e	0	0.0%	0	0.0%	0	0.0%	70	3.1%	[illegible]	[illegible]	290	9.7%
②	原価		920	57.5%	1,010	56.7%	1,100	55.0%	1,210	54.0%	[illegible]	[illegible]	[illegible]	50.0%
③	粗利益	①−②	680	42.5%	770	43.3%	900	45.0%	1,030	46.0%	[illegible]	[illegible]	[illegible]	50.0%
④	人件費		370	23.1%	400	22.5%	450	22.5%	500	22.3%	580	22.6%	675	22.5%
⑤	その他経費		300	18.8%	350	19.7%	415	20.8%	460	20.5%	570	22.2%	610	20.3%
⑥	販管費計	④+⑤	670	41.9%	750	42.1%	865	43.3%	960	[illegible]	[illegible]	[illegible]	1,285	42.8%
⑦	営業利益	③−⑥	10	0.6%	20	1.1%	35	1.8%	70	[illegible]	[illegible]	[illegible]	215	7.2%
⑧	労働分配率	④／③	54.4%		51.9%		50.0%		48.5%		[illegible]		45.0%	
⑨	1人当たり粗利益額	③／⑩	13.3		13.5		14.5		16.1		18.7		20.5	
人員計画（単位：人）	営業部		26		28		30		32		33		35	
	商品部		7		8		8		8		8		8	
	業務部		15		18		21		21		22		24	
	総務部		3		3		3		3		4		6	
	⑩ 合計		51		57		62		64		67		73	

新規顧客を何件開拓するのか新商品をいくつ開発するのかを明確にする

売上構成比率

できるだけ5年先までの計画を立てる

どの顧客、商品に力を入れて伸ばしていくのか数値で明確に

粗利益率を確実に伸ばす戦略も明確になっています

人件費は増やしながら労働分配率（人件費比率）は下げる計画です

がちですので押さえておいてください。2点あります。

まずは、人件費に関しても根拠のある数字にすること。

売上に連動させたり、社員の採用や退職に応じてきちんと増減させたりするなど、つじつまが合っている必要性があります。決して、毎年3%昇給させる、というような単純な計画を立てないでください。

2点目は、**1人当たりの人件費を毎年増加させていく計画にする**ことです。

なぜなら、社員のモチベーションに大きく影響するからです。

最終的に、この経営計画書の完成後は全社員の前で発表会を行ないます。そのときに、もし1人当たり年間給与が減っていたら、敏感に気づく社員が必ずいるものです。その社員が、「会社は儲かる計画なのに社員には還元してくれない、会社だけがよくなればよいのか」と思うだけならまだいいのですが、ほかの社員に親切に教えてあげる人が多いのです。そんなことになれば、せっかくの発表会が逆効果になることは、目に見えていますね。

なお、事業計画はビジョン実現シートには主要な項目のみを掲載し、別紙に5年分の損益計算書と、社員数や事業所などの推移計画も作成しておきます。

Point

経営戦略は、中小企業の苦手分野。
しかし「経営」とは切っても切れないものなのです。

⑥「経営戦略」は3つの視点、8つのカテゴリーから考える

具体的な数値目標ができたら、次は経営戦略です。

経営計画書を立案するにあたって、一番難しいのがこの経営戦略立案の部分です。理由は、**戦略とは何かを明確に理解している社長は少ない**からです。

私は、「戦略とは目標を最も効果的に達成するための仕掛け、仕組み」という表現でアドバイスをしています。言い換えると、前項で決めた「事業計画」を実現するためにどんな取り組みをしていくのかを明確にしたものが「経営戦略」です。

難しいのですが、じっくり考え、この経営戦略を実行していけば目標の達成は間違いない、と確信できるくらいのものをつくりあげてください。

ここでも、作成の方法は他書に譲りますが、SWOT[※]分析やマトリックス[※]分析などの手法を使って、分析、立案していくのが一般的です。そして、中小企業の場合、必ずランチェスター[※]経営の考え方に添って作成します。中小企業が外してはならない経営の原理原則だからです。

ただし、注意していただきたいポイントが1点あります。

できあがった経営戦略が、「顧客観」「競観」「主観」の3つの視点にあてはまるものであるかどうか確認してほしいのです。

・**顧客観**……顧客側からの視点
　顧客から見てメリット、強みとなり、期待を上回ることができるものとなっているか

・**競観**……競合先からの視点
　競争相手と比べて優れたものか、自社を選んでもらえるレベルか

・**主観**……自社からの視点
　自社から見て市場に通用するものか

また、戦略は、最低限、次の戦略カテゴリーを満たしたものでなければなりません。

・**顧客戦略**……顧客ターゲットや顧客管理、既存客育成、紹介の仕組みなどの仕掛け、仕組みを明確化する
・**商品戦略**……商品開発や品質向上などの手法を明確にする
・**営業戦略**……営業やマーケティングの仕組み、仕掛けを明確化する

経営戦略事例

6 経営戦略

■営業戦略
品質を伝える営業ツールと競合分析、対策で新規顧客獲得を推進

■顧客戦略
顧客ランク分類とランクに応じたコミュニケーションで既存先との関係性アップ
顧客情報を全社員で共有、顧客対応レベルの向上を実現し、頼りにされる会社を目指す

■商品戦略
お客様の声を収拾、徹底分析することで新商品・サービスの企画開発を実現
利益率に応じて商品ランク分類、ランクに応じた改善・効率化を実践し、適正利益を確保

■組織・人材戦略
理念・方針・ビジョンを明確化、社内での見える化や評価制度への落とし込みで徹底浸透を図る

・**人材戦略**……人材育成や教育に対する取り組みを明確にする。人事評価制度や目標管理の仕組みについては必ず人材戦略としてここで明確化する

そして、次の戦略カテゴリーもできるだけ明確にしてください。

・**地域戦略**……重点エリアや自社のターゲットエリアを明確にする
・**財務戦略**……資金繰りや財務・会計の仕組みに関する考え方や仕掛けを明確にする
・**ブランド戦略**……ブランディングに関する考え方や仕掛けを明確にする
・**生産戦略（メーカー、製造業）**……生産部門に必要な改善、取り組みを明確化する

そのほかにも戦略カテゴリーは考えられると思いますが、このくらいのカテゴリーがあればどこかに入ってしまうと思います。

※**SWOT分析**……会社の強み弱み、機会、脅威への対策から戦略を導き出す分析方法
※**マトリックス分析**……異なる2つの切り口を座標として分析する手法
※**ランチェスター戦略**……部分1位を取って市場で勝つための経営戦略。日本ではランチェスター経営㈱の竹田陽一氏が有名

3 人材育成についても達成目標を設定する

評価制度を育成につなげるための重要なステップ

⑦「現状の人材レベル」を把握する（113ページ参照）

さて、ここからが一般的な経営計画書とは違って、「ビジョン実現シート」を通じて、人材の成長を実現するためのオリジナルノウハウになります。

会社の将来ビジョンを達成するために人材のレベルアップが欠かせない会社は、必ず作成していただきたいステップです。そう考えると、ほとんどの会社が該当すると思いますが、**この部分まで踏み込んだ経営計画書を私は見たことがありません。**

では、さっそく構築していきましょう。まず、将来の人材レベルの目標を考える前に、現状の人材レベルを把握します。

Point

★

人材を育成したいのなら、
まず「どんな人材に育成したいのか」を明確にする。

現在の社員の「弱み・課題・問題点」と「強み・よいところ」を社長と幹部で出し合います。社員全員にあてはまらなくても、一部の社員に該当する部分があればどんどん列挙していきます。同じような内容が出てきたらまとめて整理していきます。

それが「現状の人材レベル」です。事例でもそうなっているように、一般的には「弱み・課題・問題点」のほうが多く、「強み、よいところ」はあまり出てきません。

あなたの会社はいかがでしょうか。もし、「弱み・課題・問題点」だらけだったとしても、悲観する必要はありません。だって、それだけ改善、向上の余地があるわけですから。**できていない部分が多ければ多いほど伸び代は大きい**のです。その状態であなたの会社が経営できているとすれば、これから人材に対する投資をしていけば、さらに利益性は高まるはず。期待を持って、取り組みましょう。

⑧「5年後の社員人材像」を具体化する(114ページ参照)

次に5年後の人材像を設定します。会社の成長のために、目標の実現のためには、どんなレベルの社員に成長してもらう必要があるかを明確にするのです。ここでは、現状レベルの問題点を解決していくにはどんなスキルが必要か、という視点で考えれ

現状の人材レベル

7 現状の人材レベル

■弱み・課題・問題点

期限に遅れる、締め切り遵守の認識が甘い
気配り、機転が利かない
考えない、改善意識がない
受身でしか仕事をしない、指示待ち
言い訳が多い（他人や環境のせいにする）
チャレンジ意欲がない
新しい考え方をつぶしてしまっている
自ら学ぼうとしない、向上心がない
報連相ができていない
仕事上でのコミュニケーション不足
責任感がない
危機意識がない
先読み、予測ができない
リーダーの目標に対する執着が低い
指示するだけでチェックをしていない
人材を育てる人材が不足

■強み・よいところ

まじめで一生懸命
いい人が多い、人間性がよい
思いやりがある
多くの業務量をこなしている

5年後の社員人材像事例

8 5年後の社員人材像

- 全社的な方針を理解したうえで、部門の経営を任せられる人材
- すべてのコストの目的と効果を理解して、「会社のお金」＝「自分のお金」という意識で仕事ができる人材
- 常に高いアンテナ感度で、得た情報を仕事に活用できる人材
- 人間的に魅力のある人材
- 会社の仕組みやルールを守る人材

ばよいでしょう。

ただし、あまり多すぎると、どれも中途半端になってしまう可能性があるため、5項目から10項目程度にまとめます。このように求めるスキルごとにシンプルに一文にまとめるとわかりやすいでしょう。

☑ ⑨「ギャップを埋めるための課題」を書き出す

前項までで現状から目指すべき人材像へのステップが明確になりました。しかし、当然、そこにはギャップがあります。このギャップを埋めるために何をやっていったらいいかを明確化するのがこのステップです。

ここでのポイントは理想と現実の間に生

ギャップを埋めるための課題事例

9 ギャップを埋めるための課題

対象	課題	対象	課題
全社員	■チームワーク 自部署の業務だけにとらわれず、他部署の業務にも配慮する ■利益意識 粗利益の毎月把握と改善提案 ■ビジネスマナーの徹底 社会人として必要な当たり前のことを実践できるよう指導、習慣化(あいさつ、姿勢、言動など) ■柔軟性 新しいことを受け入れ、取り組もうとする意識と行動 社外研修などの実施 自己啓発の実施	役職者	■目標達成が期待できる人材 目標達成に向けてヒト・モノ・カネを活用できる人材へ 達成に向けたプロセスの管理・支援 ■部下の把握(能力・特性・性格) 部下の現状レベルの把握 個々の育成プランと計画的な実施 ■戦略立案・実行力 目標達成できる仕組み、仕掛け立案・実行・管理

人事理念事例

10 人事理念

自立型社会貢献人材

じたギャップに対して、具体的に何が必要かを考えながら明確化していくことです。できるだけ必要なスキルや役割を具体的に表現しておいたほうがよいでしょう。ここで出てきた課題をもとに評価基準や社員教育に落とし込みしていくからです。

また、一般職と管理職は別々に、求めるスキルを明確にしておきます。それぞれに求めるスキルレベルが違う可能性があるからです。

☑ ⑩「人事理念」を定める

人事評価制度改革プロジェクトを進める際には、**必ずこの人事理念を定めてください。**なぜなら、この人事理念が会社の人材に対する根本的な考え方、スタンスを表現するものだからです。その人材を育成していこうというプロジェクトを推進していくわけですから、必ず必要なものなのです。

「経営理念」の重要性に関しては、第1節「すべてはここから！　経営理念を定める」でお伝えしましたが、人材を重要視する会社であれば、この「人事理念」も会社の「経営理念」を実現していくうえで不可欠なものだということはご理解いただけると思います。

これまで考えてきた「経営理念」や「基本方針／経営姿勢」を実現するために人材に関して会社はどのようなスタンスなのか、どんなことを求めていくのか、どういう人に育ってほしいのか、という視点でシンプルにまとめてください。

⑪「プロジェクト・コンセプト」を明確にする

さて、いよいよ「ビジョン実現シート」作成の最終ステップ。最後は人事評価制度改革プロジェクト自体のゴールを設定します。「プロジェクト・コンセプト」です。

具体的には、**人事評価制度と教育・育成の仕組みを通じて何を目指すのか**、ということを明確にします。制度とその運用を通じて目指すべき組織の風土や状態を表現します。会社側に立ったものだけではなく、社員側にとってもプラスになるようなゴー

Point

★

キーワードは社員がそれぞれの「夢」や「目標」に
近づけるかどうか。

プロジェクト・コンセプト事例

11 プロジェクト・コンセプト

- 経営理念・ビジョン・基本方針・目標に向かって、全社員のベクトルが一致し、チームワークを最大限発揮できる組織づくりを推進
- 会社と社員がともに成長し、プライドとやりがいを持てる組織風土を実現
- 自ら考え行動し、学び、挑戦、問題解決できる人材を育成
- 人事評価制度を通じて、社員教育が仕組みとして自動化できる体制を確立

ルを設定したほうがよいでしょう。

こんな組織になれば社員もワクワク感を持って仕事に打ち込めるという意欲を引き出し、モチベーションの向上にもつなげていきます。

さて、これで「ビジョン実現シート」は完成です。最後に、できあがったシート全体を俯瞰してみましょう。違和感があったり、なんか全体のイメージと違ったりといった箇所はないですか？　社員に発表し、伝えた場合、みんなワクワクして期待してくれるような内容に仕上がっていますか？

準備はよいですか？　いよいよ次の章から評価基準の作成に入っていきます。

第5章

ビジョン実現型評価基準を作成する

導入時　評価制度の完成度は
6、7割でOK！

1 成功の鍵は評価基準の作成前にある

「経営ビジョン発表会」で「目的」と「意義」を浸透させる

☑キックオフは「経営ビジョン発表会」

この章では、いよいよ人事評価制度の仕組みのなかで核になる「評価基準づくり」に入っていきます。

といっても、いきなり評価基準を作成するわけではありません。評価基準づくりの第一のステップは、前章で作成した「ビジョン実現シート」を社員に向けて発表する場「経営ビジョン発表会」です。

この**「経営ビジョン発表会」は非常に重要な位置づけになります。**ここをうまくや

Point
★
重要な経営ビジョン発表会。
ぜひ本番前にリハーサルを!

らないと、プロジェクトの進行や考え方の浸透がうまくいかなくなることもあります。

「ビジョン実現シート」を社員に配っただけ、とか、社長以外の幹部に社員へ伝えてもらう、とかでは不十分です。必ず、この「経営ビジョン発表会」を社員へ公開する最初の場としてください。

この場をうまく活かすことで、社員の気持ちをひとつにし、プロジェクト成功への大きなきっかけとなる場合も少なくありません。

「経営ビジョン発表会」の目的は、次の3つを社員に伝えることです。

① このプロジェクトが会社の重要な経営改革であり、それに社長が本気になって取り組むこと
② 人事評価制度の目的は会社の経営目標を実現することとそのための人材育成であること
③ プロジェクトを成功させるには社員全員の協力が必要であること

これらを、あくまでも社員に対して伝えていく場です。なかには、経営計画発表会などと称して金融機関や仕入先などの第三者を招く会社もあるようですが、この人事評価制度改革プロジェクト上の「経営ビジョン発表会」は、社員のみの出席とすべきです。

とくにはじめて開催する場合などはよくあることですが、社員以外の部外者が入ると、社長は社員に伝えたいことをなかなか本音で言えなくなる場合などが考えられます。

☑ジョブ・ヒアリングシートでデータを収集する

そして、③をさっそく社員に実践してもらいます。ここで登場するのがジョブ・ヒアリングシートです（次ページ参照）。このシートには、

(1) 評価基準の元になるデータを収集する
(2) 社員一人ひとりが自分の仕事の認識度を把握する
(3) 社員にプロジェクトへ自ら参画する意識を持ってもらう

以上、３つの役割があります。

ジョブ・ヒアリングシート記入例【自動車板金業／営業部の場合】

仕事区分	仕事項目	仕事内容・手順・仕事を行なううえでのポイント	仕事の比重（%）	問題点・課題
準備	車両の移動	工場内に保管している車を奥の駐車場・表・工場内の作業場へ移動させる	5	子どもを保育園へ送っていくため出社時間が遅くなり、土曜以外はおろそかになっている
	清掃	各部門で各場所を清掃する 個人的には工場前・洗車場を清掃している	5	
	朝礼	あいさつ、昨日のできごと、今日の予定等を伝達する	ー	朝礼後に伝達し忘れた事実に気づくことがある。いつも決まったメンバーのみ発言している（昼礼もあるが同じような感じ）
作業	営業活動	電話をして入庫がないか確認する または引取依頼の電話を受ける 得意先を訪問し仕事がないか、何か変わったことはないか話をする	40	
	納車・引取	板金・塗装のすんだ車を洗車・仕上がりCHECKして納車する 引取依頼のある車を引取にいく	20	CHECKに時間がかかる（人によってCHECKが甘い） 洗車も人によって遅い、汚い 引取等の時間がムダに感じる（距離が遠い所がある）
	見積・作業指示	入庫した車を見積もりし、部品注文・作業指示をする そのために車を分解したり、お客と相談したりする	15	損傷によっては見積もりに時間がかかる
	納品書作成・協定	納品書を作成し、送る。保険修理の場合は保険会社と金額を協定する	10	協定も時間がかかる。その仕事中に呼ばれたりすると、なおさら時間がかかる
片付け	車の移動	車を工場内、または旧工場等へ移動する 旧工場では時に車にビニールカバーをかける	5	これもけっこう時間がかかる ひどいときは30分くらいかかる

Point
★
プロジェクト成功の鍵は、いかにリーダーを巻き込むか。

社員一人ひとりに、「現状の担当業務の項目、内容、課題」と、「今やれていないがやるべき仕事」を記入してもらい、1週間程度で会社へ提出してもらいます。

リーダーには別メニューで意識づけを行なう

全社員を対象とする「経営ビジョン発表会」が終わった後に、評価者となるリーダーには別箇の説明会を行ないます。実際は、説明会というより、リーダーに対する意識づけと研修・教育の場、という位置づけでしょうか。

リーダーのプロジェクトに対する重要性の認識とスタートからの取り組み姿勢が、プロジェクトの成功を大きく左右するからです。

説明会では、リーダーの役割が非常に重要だということを意識づけします。また、その日から実践してほしいことを伝えます。会社の経営戦略を実現するためにリーダーとして何をやるべきかを考えたり、担当する部署やチームの課題を明確にしておいてもらったりということです。

なかでも、**「人事評価制度＝教育の仕組み」であることを徹底して理解してもらう**よう腐心しましょう。一般的に、中小企業のリーダーは、部下の指導に関しては十分に役割を果たしていない場合がほとんどです。それどころか、その意識さえない人が多いのも事実です。

そのために、たとえば、「わが社の将来は君たちのこのプロジェクトへの取り組みにかかっている」「リーダーの指導力向上が実現できなければ、自社の将来は暗い」など、厳しめにリーダーの役割を伝え、徹底したほうがよいでしょう。

2 評価基準のたたき台を作成する

評価基準を設計し、ウェイト配分を考える

☑評価基準の形式で成果に差が出る

たとえば、社内で情報共有ができるグループウェアを導入しようとすると、さまざまな選択肢があります。「グループウェア比較ＮＡＶＩ」というサイトで社員数３００人未満の小規模企業向けグループウェアを検索しただけでも15種類出てきます。もちろん、特徴や機能も百社百様、選択に迷います。しかし、どのソフトウェアを選択するかによって、**得られる成果の度合いやスピードに大きな差が出てきてしまいます。**

社員の行動を支援、管理するツールとして考えると、評価基準にも同じことが当てはまります。評価基準も提供するコンサルティング会社や、書籍によって、推奨する形式はさまざま。

当然、こちらも、その選択によって成果に大きく差が出てしまいます。いったいどんな形式を選び、どのようなまとめ方をすればよいのか、迷った方も多いのではないでしょうか。

これが多くの企業で成功している評価システム

私は、過去に約300社以上に対するコンサルティングを通じて、多くの業種、業態でさまざまな様式の評価基準を実践する機会を得ることができました。しかも当社では、そのほとんどのクライアントに対して評価基準の設計だけではなく、その運用まで支援を行なっています。

つまり、実用に耐えることができ、かつ成果を導き出した評価基準がどのようなものかを知っているということです。

B	C	D	E	判断基準等
95%以上	85%以上	75%		対する達成率 目標× 100)
105%未満	95%未満	85%		
95%以上	85%以上	75%		対する達成率 目標× 100)
105%未満	95%未満	85%未満		
95%以上	85%以上	75%以上	75%未満	目標に対する達成率 (実績÷目標× 100)
105%未満	95%未満	85%未満		
95%以上	85%以上	75%以上	75%未満	目標に対する達成率 (実績÷目標× 100)
105%未満	95%未満	85%未満		
95%以上	85%以上			標に対する達成率 績÷目標× 100)
105%未満	95%未満			
1件	0件			S1、S2
2件		1件	0件	S3
3件	2件	1件	0件	S4、L1
95%以上	85%以上	75%以上	75%未満	目標に対する達成率 (実績÷目標× 100)
105%未満	95%未満	85%未満		
95%以上	85%以上	75%以上	75%未満	目標に対する達成率 (実績÷目標× 100)
105%未満	95%未満	85%未満		
95%以上	85%以上	75%以上	75%未満	目標に対する達成率 (実績÷目標× 100)
105%未満	95%未満	85%未満		
15%以上	11%以上	7%以上	7%未満	契約率 (契約件数÷来場面談数)
19%未満	15%未満	11%未満		
0点以上:プラス1点				アンケート点数にて判断

評価判断指標
「SS～E」の７段階(一部除く)で判断する場合が多い。業績数値は段階を細かくしても評価にブレが生じないため

評価判断のレンジ(幅)
達成率または業績結果の数値で表示。幅の広さや水準は各社さまざま

評価基準（業績項目）事例【営業部の場合・一部抜粋】

評価項目			SS	S	A
全社目標	業績結果項目	売上高	125%以上	115%以上	105%以上
				125%未満	115%未満
		経常利益	[illegible]	[illegible]5%以上	105%以上
				[illegible]5%未満	115%未満
部署目標		売上高	125%以上	115%以上	105%以上
				125%未満	115%未満
		営業利益	125%以上	115%以上	105%以上
				125%未満	115%未満
		契約件数	125%以上	115%以上	105%以上
				125%未満	115%未満
	業績結果項目	契約件数	3件	2件	
			4件	3件	
			6件	5件	4件
		個人売上高 (1棟当たり売上)	125%以上	115%以上	105%以上
				125%未満	115%未満
個人目標	業績プロセス項目	DM・はがき件数	125%以上	115%以上	105%以上
				125%未満	115%未満
		総面談件数	125%以上	125%以上	105%以上
				125%未満	115%未満
		契約率	27%以上	23%以上	19%以上
				27%未満	23%未満
		アンケート点数	100点：プラス2点、		

評価項目
ひと言でわかりやすい表現に

役職
役職を表示。グレードとリンクした形態が理想。リンクさせない場合は、別途、役職者用評価基準が必要

グレード
左から右に上位グレードとなるよう配置、右にいくほど仕事の内容もレベルアップしていく

係長	課長
L2	M1
①部下に対して、経営理念の目的や内容を具体的 … むこ … づい …	①部署全体の部下に経営理念の目的や内容を … 共有させ、自らが模範となりな … 管理を適切に行なうことで、課 … 実践することができていた。
①目標 … 、必要な対策・修正を行ないながら、計画的に取り組むことができていた。 ②部下の目標達成への支援を行なうことができていた。	… 体の目標について、立案、自ら必要な対策・修正を行ないながら、計画的に取り組むことができていた。 ②部下の目標達成への支援を行ない、達成させることができていた。
①部下から報告されるお客様からの要望や意見を集約、加工し、必要な対策を実行することで、受注につなげることができていた。 ②部下に対して、お客様から要望や意見を細かく聞き出させ、紹介や受注につながる行動をとらせることができていた。	①担当部署全体のお客様からの要望や意見を集約、加工し、部下を巻き込みながら、必要な対策を実行、推進することで、受注につなげることができていた。 ②担当部署全体の提案レベル向上に向けて、部下への指導、または、対策（勉強会等の企画）を立案、実行することで、段階的にレベルアップを図ることができていた。
	①経営判断に活用できる質の高い情報を入手加工し、上司に報告できていた。 ②部下からあげられた情報を適切に管理し、活用して、今後の企画等に活かすことができていた。
①部署全体にも目を向け、課題を発見、分析し、改善点、問題点を明確化したうえで、改善の提案を行なうことができていた。	①担当部署全体の課題を発見、分析し、改善点、問題点を明確化したうえで、部下を指導しながら、取り組むことで、効率化、または、質の向上を図ることができていた。
【必要知識・技術・資格一覧】別途規定	
①部下の業務状況を把握し、適切な指導・アドバイスができていた。	①担当部署において部下育成プランを検討し、計画的に実行し、成長に結び付けていた。
①部下や担当部署の結果についても責任を持とうとしており、職務を最後まで遂行できていた。	①環境や部下のせいにすることなく、部署全体の目標、役割を実現しようと責任を持って仕事に取り組んでいた。
①自らの実力よりも高いレベルの業務にチャレンジできていた。	①自らもチャレンジし続けながら、部下の取り組み状況を把握し、高い目標や新しい技術にチャレンジできるよう指導、アドバイスを行なっていた。

評価基準（プロセス項目）事例【営業部の場合・一部抜粋】

役職		一般職	
グレード		S1	S2
成果	経営理念の理解	①経営理念を完全に暗唱できていた。	①経営理念を完全に暗唱でき、理念沿った行動がとれていた。
成果	目…る	…と、…計画的に取り組むことができていた。	①目標達成に向けて自らプロセスを明にし、計画的に取り組むことができてた。
成果	企画提案	①上司の指示通りに…	…き、上司の支援を受けながら提…ができていた。
能力	情報収集力	①あらゆる媒体、機会から情報を入手し、上司に報告できてい… 【あらゆる媒体・機会：新聞、業界紙、関連情報紙、地元紙、イ…ターネット、取… 【情報：業界関…情報 新規仕入先情報…	
能力	業務改善	①担当業務を…分析し、改善…を受けながら、…ができていた。	
能力	必要知識・技術・資格		
能力	部下育成指導		
情意	責任感	①自らの役割、責任をよく自覚して、職務を最後まで遂行できていた。 ②他人任せで、上司からの指示を待つという意識ではなく、自…がやるという意識が行動に表われていた。	
情意	積極性	①新しいことや不慣れな業務に自らチャレンジできていた。	

評価項目
ひと言でわかりやすい表現に

評価基準内容
この内容に基づいて判断基準通りに「A・B・C」の３段階評価を行なう

評価項目分類
プロセス評価を評価基準内容によって、「成果」「能力」「情意」にカテゴリー分け

評価基準内容の表現方法
文末は過去形で！　求められる仕事を実際にやったかどうかが判断しやすい。「～できる」という表現もよく見るが、実際にやっていなくても、できるかどうかで判断してしまう場合が多い

必要知識・技術・資格
132ページの「必要知識・技術・資格一覧」に基づいて評価を実施

必要知識・技術・資格一覧事例【営業部の場合】

グレード	最低限必要な知識	最低限必要な資格	有することが望ましい資格
M1	全社、事業部門の損益の把握（売上・利益・経費） 原価管理・積算	日商簿記3級	日商簿記3級
L2	所属ブロックの損益の把握（売上・利益・経費） 現場工程管理（契約～引渡）		2級建築士
L1	店舗の損益管理（売上・利益・経費） 店舗入金管理 予算書の作成ができる 店舗の損益分岐把握		インテリアコーディネーター 2級ファイナンシャルプランナー 宅地建物取引主任者
S3	各種利益の理解 ロープレ訓練方法 図面チェック（建物バランス〔安全・コスト〕）		木造ハウジングコーディネーター 3級ファイナンシャルプランナー
S2	競合他社情報 最新銀行情報（金利・審査状況等）プラン作成 各税額の計算、説明ができる知識 フラット35Ｓ仕様に関する知識 同業他社商品に関する知識		ワード・エクセル USスペシャリ
S1	OA知識　（Word・Excel） 資金計画・商品知識 住宅ローン（知識・実務） 現地調査・役所調査の実施項目 建築基準法の基礎知識 登記簿謄本の読み方 ＣＡＤ操作 契約書に関する知識	運転免許証 損害保険募集人 住宅ローンアドバイザー	カラーコーディネーター２級 福祉住環境コーディネーター２級

有することが望ましい資格
持っていれば「A」評価。なくてもマイナス評価とはならない

最低限必要な資格
グレードごとに必要な資格を明記。評価方法は「知識」と同様

最低限必要な知識
記載された知識をすべて満たしていれば「B」評価。上位グレードの知識まで満たしていれば「A」評価

その経験から、ベストと判断される様式が、ここでご紹介する評価基準です。

もちろん、クライアントの要望や、それまでに活用してきた評価方法などによって、違った形式のものを導入した会社もあります。

しかし、そのような会社も、ほとんどはこの評価基準の形式にいきついているのです。ですから、最初は本書で推奨する形式で作成し、まずは実践してみることをお勧めします。

グレードの段階を決める

前置きが長くなりましたが、いよいよ評価基準づくりに取り組んでいきます。まずは評価基準の事例を見て、全体のイメージをつかんでください（128～132ページ、および巻末折込シート参照）。

評価基準は、縦に評価項目、横に職位・役職レベルという構成になっています。この職位のことを当社では「グレード」と呼んでいます。まずは、このグレードのレベルイメージを明確にします。

まずは、136～137ページの「グレード・レベル・イメージ」を見てイメージをつかんでください。グレードを何段階に設定したらよいのか、という疑問が出てくると思います。**グレードの数は、あなたの会社の育成ステップの数**です。全体をいきなり決めるのは難しいと思いますので、次のような手順で考えてみてください。

はじめに、グレードを3つのステージに分類します。

・S（スタッフ）ステージ……役職がつかない、一般職のグレード
・L（リーダー）ステージ……主任・係長等のクラスに該当するグレード
・M（マネジメント）ステージ……課長・部長等の管理職クラスに該当するグレード

次に、それぞれのステージに何段階の育成ステップが必要かを検討します。たとえば、「Sステージ」であれば、自社では新卒入社から役職を与える前までに何段階の育成ステップがあるべきかを考えて決めていきます。「Lステージ」はリーダー的な育成ステップが、「Mステージ」は管理職の育成ステップが何段階必要かを検討し、それぞれの段階数を決めます。

「自社ではこれまで育成のステップなんて考えたことがないので、わからない」という会社は、事例と同じように7段階に設定してください。

社員数50人までの会社だったら、これでOKです。50人を超える場合は最大9段階程度で、自社の育成ステップを具体的にイメージしつつ、7段階から幅を広げながら検討し、決定してください。

☑グレードごとに求める仕事のレベルを設定する

次に、それぞれのグレードに応じて求める仕事のレベルを考えます。「グレード・レベル・イメージ」の「求められる仕事レベル」の欄を参照ください。

この仕事レベルも、「M・L・S」のステージごとに検討すると考えやすいと思います。先に大まかな仕事レベルをひと言で言い表わした「総括イメージ」を作成し、仕事レベルに落とし込んでいくのもよいでしょう。

この事例は、どんな会社でも求められる仕事レベルが多いので、参考にしながら作成するのもよいでしょう。

Point
★
グレードで育成ステップの数と高さを明確に。

	求められる仕事レベル
	◆ 経営理念の部門全体への落とし込み ◆ 会社および部門方針・部門目標の立案、浸透、落とし込みと推進 ◆ 部門の業務進捗状況の把握、指導、管理 ◆ 将来ビジョン構築、環境変化対応 ◆ 顧客の信頼を獲得、業務の拡大を推進できる ◆ 部門の問題・課題の早期発見、対策、解決、部門の業務レベル向上
	◆ 部門の戦術立案、実行推進、進捗管理 ◆ 部門予算の把握、目標達成への指導 ◆ 部門の部下育成指導 ◆ 担当部門において問題等の対処、改善、業務の ◆ 担当部門のコスト管理 ◆ コンプライアンスの把握・指導・徹底
	◆ 部門の方針・目標の浸透、落とし込み ◆ 与えられた職務については独力で完遂することができる ◆ 担当業務において、リーダーシップを発揮して遂行することができる ◆ 困難な例外事項または複雑、高度な案件等も対応できる ◆ 部下に対して、業務の指導ができる ◆ 顧客の要望に応える提案を行なうことで、業務の拡大を推進できる
	◆ 与えられた職務についてはおおむね独力で遂行することができる ◆ 一般社員に対して、業務のアドバイスができる ◆ 困難な例外事項も、独自に処理できる ◆ 上司の助言を得ながら、顧客の要望に応えた提案ができる ◆ 担当業務の課題を発見し、改善に向けた提案、実践ができる
	◆ 困難な例外事項は、上司・先輩の助言を得ながら処理できる ◆ 担当業務の課題を発見し、改善に向けた提案ができる ◆ 下級者からの質問・疑問に対し、的確なアドバイスができる
	◆ 基本業務（定型・反復的・単純業務）については上司の指示なしに正確にこなすことができる ◆ 自ら考えて仕事を進めることができ、疑問点があれば、質問して解決できる
	◆ 上司の指示のもと、基本業務（定型・反復的・単純業務）については期限に遅れることなく、正確にこなすことができる

求められる仕事レベル
グレードごとに求められる総括的な仕事の内容とレベルをわかりやすく表現

グレード・レベル・イメージ事例

ステージ	グレード	役職	総括イメージ
マネジメントステージ	M2	部長	【担当部門の総括責任者】
	M1	課長	【担当部門の業務運営】
リーダーステージ	L2	係長	【担当業務の完遂・部下指導】
	L1	主任	【担当業務の模範的遂行】
スタッフステージ	S3	一般社員	【担当業務の遂行】
	S2		【支援を受けながらの業務遂行】
	S1		【指導による補助業務遂行】

ステージ
社内の職位を「マネジメント」「リーダー」「スタッフ」の３つのステージに分類

役職
グレードとリンクした形態が理想。ひとつの役職を２つ以上のグレードに対応させる場合も

総括イメージ
各グレードの仕事レベルをひと言で表現

☑評価基準のフレームを考える

次にグレードごとの評価基準を考えます。評価基準についても、いきなり作成するのではなく、まずは評価基準の枠組み（フレーム）だけをつくってみましょう。

評価基準の横軸には前項で決めたグレードを持ってきます。ですから、ここはもうすでに決まっています。

縦軸は評価項目です。が、いきなり評価項目を決めていくのは難しいので、これもカテゴリーごとに考えます。次の4つのカテゴリーに分けて考えてみましょう。

- **業績項目**……数値で表わすことができ、その数値の結果で評価できる項目。業績結果項目と業績プロセス項目がある
- **成果項目**……数値ではないが、業績に直結する重要な役割、仕事
- **能力項目**……業績や成果で実績を残すために必要な能力、知識、資格等
- **情意項目**……仕事に対する姿勢を明確にした項目

このカテゴリーごとに、それぞれの評価項目を考えていきます。

Point
★
結果につながるベストプロセスを
評価基準に落とし込む。

「業績項目」には業績プロセス項目も必ず盛り込む

業績項目は数値で判断できる項目です。業績項目はさらに、「業績結果項目」と「業績プロセス項目」に分類できます。

ポイントは**業績プロセス項目を必ず盛り込むこと**です。社内で作成した業績項目を見ると、**結果数値のみを業績項目の評価項目としている会社がほとんど**です。人材を育成し、業績に結び付く人事評価制度を確立しようと思うなら、「業績プロセス項目」を評価項目に盛り込むことが必要です。

なぜなら、結果だけでは指導、育成に結び付ける評価ができないからです。その結果を導き出すためにプロセスでどんな活動を行なったのかも評価の対象に加えなければなりません。プロセスのどこが悪かったのかをはっきりさせ、指導、改善に結び付けていくためです。

たとえば、営業職で考えると、「業績結果項目」とは、営業として求められる業績の結果数値で、「売上高」「粗利益額」「契約件数」などがあります。

これに対して、「業績プロセス項目」とは、「営業活動のなかの数値で測れる行動」

をいいます。例をあげると、「ＤＭ・はがき件数」「面談件数」「アンケート点数」などがあります。

☑「成果項目」は2つの視点から考える

次に「成果項目」を考えます。この項目も大きく2つの要素で構成されています。

①業績・数値に直結する重要な仕事
②会社がそれぞれの職種に求める重要な役割

この2つの視点で項目を考えます。

たとえば、営業職の場合、「目標に対する取り組み」「企画提案」「顧客管理」などがきっちりできていないと、決して結果には結び付かないでしょう。これらを「業績・数値に直結する重要な仕事」としてとらえます。

また、会社にとって、今後、重要度の高い仕事・役割として「経営理念の理解と浸透」「改善提案」などを求めていく必要がある場合、これらを成果項目に設定します。

☑ 求められる役割を果たすために必要な能力を「能力項目」に設定

次の「能力項目」は、これまで考えてきた**「業績項目」を達成し、「成果項目」を実践するために必要な能力**という位置づけです。

具体的には、「スケジュール管理力」や「情報収集力」「報告・連絡・相談」「知識・資格」「人材育成力」などになります。

「能力項目」を検討していくと、「成果項目」として設定した評価項目のなかにも、〝能力〟としてとらえられるものがあるのでは、という疑問が出てきます。

たとえば、「企画提案」は〝能力〟として考えることもできます。

しかし、結論から言うと、ここはあまり深くこだわる必要のない問題です。「成果項目」に入れたものはそのまま成果項目として評価しましょう。もし、しっくりこなかったら、評価してみてから変更すればよいのです。

☑ これから重要になってくる「情意項目」

「情意項目」は、言い換えると仕事に対する姿勢、考え方を評価する項目です。客観的な判断基準の統一が図りにくい（判断のバラツキが大きくなりがちな）項目なので、ここを軽視する会社もあります。

しかし、**どんな会社もこれからはこの情意項目を重要度の高い評価項目として取り組むべき**です。なぜならば、この情意項目を通して会社の経営理念や行動理念の落とし込みをしていくからです。

たとえば、「積極性」や「チームワークへの貢献」「自らが学ぶ姿勢」など、社長の「自社の理念を実現するためにはこういう姿勢・考え方で仕事に臨んでほしい」という社員に対する思いを形にした評価項目だからです。

この情意項目ができていない社員は、その会社の社員としての資格がないというレベルの評価項目なのです。ですから、まず一番に全社員にクリアしてもらう必要がある、大変重要な項目といえるのです。

Point
★
リーダーが部下と自らの役割を決める。

評価者となるリーダーにも評価基準づくりに参加してもらう

ここまでのプロセスで、ひと通り評価基準のたたき台ができあがりました。次のステップでは、このたたき台に加除修正を加えていきます。

ここからは、社員に実際に参加してもらいながら内容を検討していきます。これが結構重要なプロセスとなります。

参加してもらう社員は、各部門のリーダーを職種ごとにひとり、あるいは2人にするのがよいでしょう。リーダーに直接参加してもらい、意見や改善案を出してもらいながら修正していきます。そうすることによって、**リーダーたちに自ら作成したという意識を持ってもらうことができます。**

自ら作成した評価基準で部下を観察、評価し、指導、育成していくという意識でプロジェクトに自ら積極的に取り組んでもらうのが狙いです。なぜなら、前述したようにプロジェクトの成功には、評価者（リーダー）の取り組み姿勢と意識が大きく影響するからです。

☑仕上がり度は60～70％でOK

前項までのプロセスで、評価基準が完成しました。

ここで、ひとつ意識しておいていただきたいことがあります。これは、ここまでの段階では、**評価基準の仕上がり度は60～70％程度でOK**だということです。

なかには評価基準を完璧なものにしようと、作成プロセスに相当な時間を割くところがあります。しかし、いくらこの時点で完璧だと思っていても、ちょっと乱暴な言い方ですが、どうせ実際に使ってみると、不具合が出てくるものなのです。

ですから、何度かお伝えしてきたように、評価基準づくりは運用しながら改善することを前提に、進めてください。

そして、60～70％の仕上がり度で次のステップに進んでください。

☑グレードごとに評価のウェイト配分を考える

評価結果は最終的には点数化して、評価判断を行なわなければなりません。そのために、事前に評価項目に点数配分を行ないます。これを「評価ウェイト配分」といいます。評価ウェイト配分は評価項目ごとに点数づけを行なっていくのですが、まずは、業績・成果・能力・情意項目の４つの項目への配分から考えていきます。

基本の考え方は、業績・成果項目のウェイトは、下位グレードの社員のほうが小さく、上位グレードにいくほど大きくなります。

難易度の高い仕事が中心の成果項目や数値責任を求めている業績項目は、上位のグレード、役職者ほど大きく評価に反映すべきという考え方からです。

一方、能力・情意項目については、上位グレードにいくほどウェイトを小さくしていきます。下位グレードの社員に、一番重要な仕事に対する姿勢を身につけてもらい、まず勉強して知識を吸収し、能力を身につけてほしい、という考え方からです。

なお、この評価ウェイト配分は、部署や職種などによっても差をつけます。一般的には、営業的な性格が強い部署ほど業績項目のウェイトを大きくします。

Point
★
ウェイト配分で会社が求める重点仕事項目を明確化。

営業・製造・総務部の業績・成果・能力・情意項目ごとのウェイト配分を「総合ウェイト配分表」として掲載していますので、次ページを参考にしてください。

☑仕事の難易度によって評価ウェイト配分を変える

次に、「総合ウェイト配分表」をもとに、各評価項目にウェイトを振っていきます。

基本的な考え方は、難易度の高い項目ほど上位グレードが高く、難易度が低いほど下位グレードのウェイトを高くします。これに加えて、会社が戦略的にとくに重要視していく項目には大きくウェイトを振っています。

たとえば、能力項目の「部下育成指導」については上位グレードのほうがウェイトが高く、「報告・連絡・相談」については下位グレードのほうがウェイトが高いといった具合です。

また、全社員から改善案を吸い上げたいという状況のときは、「改善提案」の項目のウェイトを高くしたり、クレームが多発して対策が必要な場合は、「クレーム対応」の項目にウェイトを高くします。評価ウェイトは一度設定したらそのままではなく、

総合ウェイト配分表事例

基本的にすべて「B」評価だった場合の中心点数で作成する

業績項目
上位職ほど業績責任が大きいので、ウェイト配分も上位職を大きくする。営業的性格の強い部署ほど大きなウェイトに

成果項目
業績に直結する成果項目も上位職ほど配分を大きくする。営業部門は業績を優先するため、上位職のほうが小さくなることも

能力項目
下位グレードのウェイトを大きくする。上位グレードは持っていて当たり前という考え

情意項目
下位職ほどウェイトを置いて評価する。どの部門も配分方法は共通

総務系の業績項目
総務・経理・管理系の部門は業績項目が少ないため、ウェイトも低くなる

営業部						
	S1	S2	S3	L1	L2	M1
業績	30	40	50	70	80	100
成果	70	80	90	85	85	75
能力	60	50	40	30	25	20
情意	40	30	20	15	10	5
合計	200	200	200	200	200	200

製造部						
	S1	S2	S3	L1	L2	M1
業績	20	30	40	50	55	60
成果	80	90	100	105	110	115
能力	60	50	40	30	25	20
情意	40	30	20	15	10	5
合計	200	200	200	200	200	200

総務部						
	S1	S2	S3	L1	L2	M1
業績	10	20	30	40	45	50
成果	80	90	100	105	110	115
能力	70	60	50	40	35	30
情意	40	30	20	15	10	5
合計	200	200	200	200	200	200

1 人事評価の必要性
2 運用の勘違い
3 人事改革の目的
4 ビジョン実現シート
5 評価基準の作成
6 運用の仕組み化
7 成功事例

L2							M1						
SS	S	A	B	C	D	E	SS	S	A	B	C	D	E
.00	2.57												2.00
00	8.00											7	8.00
.00	8.00												4.00
5.00	13.33	11.67	10.00	8.33	6.67	5.00	24.00	21.33	18.67	16.00	13.33	10.67	8.00
7.00	24.00	21.00	18.00	15.00	12.00	9.00	39.00	34.67	30.33	26.00	21.67	17.33	13.00
.00								0.00	0.00	0.00	0.00	0.00	0.00
.00								0.00	0.00	0.00	0.00	0.00	0.00
.00							.00	0.00	0.00	0.00	0.00	0.00	0.00
00	0.00	0.00	0.00	0.00	0.00	0.00	0.00	0.00	0.00	0.0	0.00	0.00	0.00
00	0.00	0.00	0.00	0.00	0.00	0.00							
.00	0.00	0.00	0.00	0.00	0.00	0.00							
20.00			80.00			40.00	1						
		21.00	14.00	7.00					18.00	12.00	6.00		
		30.0	20.00	10.00					22.50	15.00	7.50		
		24.00	16.0								5.00		
		127.50	85.0								36.50		
		6.00	4.00	2.00					4.50	3.00	1.50		
		7.50	5.00	2.50					4.50	3.00	1.50		
		3.00	2.00	1.00					3.00	2.00	1.00		
		12.00	8.00	4.00					12.00	8.00	4.00		
		37.50	25.00	12.50					30.00	20.00	10.00		
		9.75	8.50	3.25					3.75	2.50	1.25		
		5.25	3.50	1.75					3.75	2.50	1.25		
		15.00	10.00	5.00					7.50	5.00	2.50		
		300.00	200.00	100.00					300.00	200.00	100.00		

ウェイト配分の考え方
下位グレードは単純で取り組みやすい項目のウェイトを大きく、上位にいくに従って難易度が高く、スキルが必要な項目にウェイトを置く。会社の戦略や環境によりウェイトは変わる

リーダー職の業績
Ｌ２グレードも個人業績の反映は小さい。どの項目を反映させるかは組織状況により検討

マネジメント職の業績評価
マネジメントステージは個人の業績は評価の対象にしないのが一般的。部署や店舗全体の業績のみを反映させる

成果・能力・情意項目のウェイト配分
「B」評価を基準とし、「A」は「B」の点数の 1.5倍、「C」は「B」の 0.5倍に

全体版は巻末の折込シートを参照

評価ウェイト配分表事例【営業部の場合・一部抜粋】

評価要素				SS	S	A	B	C	D	E
				S3						
業績	全社目標	業績結果項目	売上高	0.75	0.67	0.57	0.50	0.42	0.33	0.2
			経常利益	3.00	2.67	2.33	2.00	1.57	1.33	1.00
	部署目標		売上高	1.88	1.					
			営業利益	1.88	1.					
			契約件数	1.88	1.					
	個人目標	業績結果項目	契約件数	15.00	13.33	11.67	10.00	8.33	6.67	5.00
			個人売上高（1棟当たり売上）	3.75	3.33	2.92	2.50	2.08	1.67	1.25
			DM・はがき件数	5.63	5.00	4.38	3.75	3.13	2.50	1.8
			総面談件数	9.38	8.33	7.29	6.25	5.21	4.17	3.13
			契約率	5.63	5.00	4.38	3.75	3.13	2.50	1.88
			アンケート点数（プラス評価）	0.00	0.00	0.00	0.00	0.00	0.00	0.0
	業績目標　ウェイト小計			75.00			50.00			25.
成果	経営理念の理解					24.00	16.00	8.		
	目標に対する取り組み					30.00	20.00	10		
	企画提案					21.00	14.00	7.		
	成果目標　ウェイト小計					135.00	90.00	45		
能力	情報収集力					12.00	8.00	4.00		
	業務改善					15.00	10.00	5.00		
	必要知識・技術・資格					9.00	6.00	3.00		
	部下育成指導					6.00	4.00	2.00		
	能力目標　ウェイト小計					60.00	40.00	20.00		
情意	責任感					19.50	13.00	6.50		
	積極性					10.50	7.00	3.50		
	情意目標　ウェイト小計					30.00	20.00	10.00		
ウェイト合計						300.00	200.00	100.00		

業績項目のウェイト配分
各項目の「B」評価のウェイト配分から作成する。「B評価」を基準とし、「SS」は「B」の点数の1.5倍、「E」は0.5倍にする

小計、合計の数値
各グレードの「B」評価の小計、合計が「総合ウェイト配分表の」点数と一致する

会社の戦略等によって変更します。

なお、このウェイト配分表を作成するのは、非常に細かい作業になります。エクセルであらかじめ計算式を挿入した表を作成し、取り組まれることをお勧めします。部門数が多い会社になると、手作業では丸一日以上ウェイト配分表とにらめっこ、なんていう状態になるかもしれません。

以上で、ひと通り人事評価制度に関する資料づくりは終わりました。次章からいよいよ導入に向けた実践に入っていきます。

第6章

「人事評価運用制度」で運用も仕組み化

重要度の比率は設計：運用＝2：8

1 説明会と評価者研修で運用に備える

何のための制度なのかを改めて社員に徹底する

全社員を対象に「人事評価制度説明会」を開催する

まずは、人事評価制度に関する説明会を全社員向けに行ないます。

完成した人事評価制度の内容と活用方法についての説明会ですが、社員に対する意識づけもきっちりメニューと資料に盛り込んでください。この意識づけをきっちりやっておかないと、誤った認識のまま評価に取り組んでしまう社員が出てきてしまいます。

第1回目のキックオフ（経営ビジョン発表会）からは数カ月が経過していると思われますが、そのとき伝えたことは、99％の社員は忘れてしまっている、と思ったほうがよいでしょう。

評価のための評価ではなく、あくまでも**社員全員の成長を支援する仕組み**であることを伝えていきます。自己評価は自分自身の成長のためのものであり、上司評価は部下を成長させるためのものであるということを十分認識してもらうことがポイントです。そのうえで、改めて次の点を説明します。

・人事評価制度、プロジェクトの目的と進捗状況
・新しい人事評価基準の構成と内容
・評価期間（四半期ごと、半期ごとなど）
・評価者（誰が誰を評価するか）
・評価の公正を期すために、育成会議を開いたうえで評価を決定すること
・育成面談を行なって評価結果を伝え、課題と目標を明確にする
・本番前にトライアル評価を行なう
・今後のスケジュール　等

Point
★
何度も何度もくり返し目的を伝えること。

☑「評価者研修」でモデルを使った評価の練習

そして、今回も評価者であるリーダーに対しては別メニューを用意します。評価者研修です。

評価者研修は、

① 評価者として必要な心構えの把握
② 評価技能ポイントの習得
③ 評価者間の判断基準レベルの統一

を目的に実施します。

②の評価のしかたや注意点などについては162ページを参照ください。

この第1回目の評価者研修は、架空の社員モデルを使い、実践形式で評価者全員に評価を行なってもらいます。もちろん、これまでにつくりあげてきた評価基準を使って実際に評価してみるのです。

そうすると、必ず、評価結果点数はバラバラになりますから、なぜそういう評価、判断を行なったのかを、一人ひとり聞いていきながら確認します。その後、社長や人事担当者が正しい判断のしかたと解説を行なって、理解度を確認していきます。

ただし、**評価者研修を1回行なった程度では、決して本当の意識づけも判断基準の統一もできない**、と思って取り組んでください。人事評価制度を運用していくかぎり、評価者に対する教育は継続して実施していく必要があります。そのくらい徹底してやらないと、本当の評価の位置づけや重要性は浸透していきません。繰り返し繰り返し、継続実践することが大切です。

ここまでやってようやく運用の準備完了です。再度、評価者に対してプロジェクトの成否は評価者にかかっていること、対象期間の部下の行動をきっちり観察することを徹底し、評価に備えます。なお、第1回目の評価はトライアルとして行なう練習評価とします。理由は次節でご説明します。

2 本番前にトライアル評価でダメ出しを！

不満や不具合を最小限に抑えるために評価の練習を行なう

不満が出ない改革はない

「人事評価制度を改革したが、不満を言う社員ばかりだ。この仕組みではうまくいかない」――こう嘆いて、制度の運用をやめてしまう社長がいます。

人事評価制度はいくら時間をかけてつくっても、コンサルタントに高い費用を支払って構築しても、**最初からまったく不満が出ないということは99％ありません。**これを肝に銘じて人事評価制度の運用に取りかかってください。

残り1％は社員10人未満の会社で、社員全員で考え方を共有しながら構築を進めていった場合だけです。

Point
★
不満が表面化するのは改善の第一歩。

「納得がいかない」と言う社員がいて当たり前。その不満に対して、運用しながら対策、解決していくのです。

しかし、「できるだけ社員からの不満は出したくないし、納得感を持ってもらって導入したい」というのが社長の思いです。

その状態に近づけていく方法がないわけではありません。それが今からお話しする、人事評価制度の運用を成功させる秘訣です。運用については、何をやっていったらよいのかがこれまではっきりしていませんでした。仕組み化、体系化されていなかったのです。

運用のためにコンサルタントが教えるのは、評価者への評価者教育くらいしかありませんでした。しかし、それだけでは不十分なのです。

これからお話しする方法をきっちり実践していくことで、社員からの不満や制度の不具合を最小限に抑えることができます。

ただし、くどいようですが、まったく問題が起こらない人事評価制度はない、ということを理解してもらってから次のステップに取り組んでほしいのです。この、これから起こるであろうトラブルや問題に立ち向かう覚悟を決めていただくことが、人事評価制度の運用を成功させる第一歩です。

トライアル評価は必ず3回行なう

多くの社長は、どちらかというとせっかちです。

人事評価制度改革についても「すぐに効果を出したい」と、できあがって1回目の評価から給与や賞与について反映さえようとする方も多くいます。

しかし、これが問題や社員からの不満を引き起こす原因となる場合があります。

私たちが支援しているクライアントでは、評価のトライアルを必ず行ないます。トライアルとは評価の練習のことです。本番の評価ではその評価結果を賃金に反映しますが、その前にトライアルでシミュレーションを行ない、あらかじめダメ出しをして、対策を講じておくのです。

トライアル評価の目的は3つあります。

① 評価者に慣れてもらう、評価スキルのアップ

② 評価基準の内容と評価結果が妥当かどうかの検証
③ 賃金に反映した結果が妥当かどうかの検証

これらを判断していくためにトライアルを行ないます。私たちは、この**トライアル評価を3回行なう**ことをお勧めしています。

1回目　評価者の評価プロセスの理解、評価基準の改善
2回目　評価者の評価スキルアップ
3回目　賃金額、昇給・賞与原資の妥当性

それぞれこのようなことに主眼を置いて、トライアルを実施します。

3回のトライアルをじっくり行なって、分析、対策、改善を行ないます。いきなり本番評価を賃金に反映してしまうと、社員の大きな不満につながったり、とんでもない額の昇給原資が必要になる、といった不具合が頻発します。

そうなってしまった場合は、社員の個別対応に多くの時間がかかったり、会社に対する不信感で業績が大きく落ち込んだりと、大きな損失につながりかねないことも多々あるのです。「急がば回れ」ということですね。

3

いよいよ運用。設計よりも全力投球で！

プロジェクト成功の秘訣は運用にあり

人事評価運用制度〝6つのステップ〟

まず、運用のポイントをお話しする前に、「人事評価運用制度」プロセスとはどのようなことを行なっていく必要があるのかをお話しします。

巻頭のフロー図（11ページ）をもう一度見てください。これが「人事評価運用制度」に必要な6つのステップです。順を追って説明しましょう。

ステップ1　評価の実施

評価基準に基づいて評価を行なうプロセス。評価方法のポイントについては後述します。

ステップ2　評価結果の集約・分析

評価結果の入力とそれに基づいた分析をし、被評価者ごとの「育成シート」、評価結果をまとめた「評価結果一覧表」などを作成します。

ステップ3　育成会議

評価者が集まって行なう、部下の評価結果を調整するための会議。非常に重要なプロセスになりますので、詳しくは後述します。

ステップ4　賃金・賞与検討会議

決定した評価に基づき、社員一人ひとりの昇給や賞与額を決定するための会議。

ステップ5　育成面談

評価結果を本人に伝え、それに基づいて上司と本人とで次期目標を明確化します。これも、本人の成長につなげるために非常に重要な育成支援の場。

ステップ6　達成度チェック・支援

次の評価までの期間、評価者は部下の目標・役割の達成度を定期的にチェックしていきます。一般的には評価制度のひとつとしてとらえられない場合も多かったのです

Point
★
まず続けること。当たり前だけどなかなかできないのが中小企業。
だから続けた会社は強くなる。

が、これがなければ仕事上の成長にはつながりません。

評価制度を成果に結び付けていくためには、最低この6ステップが必要です。もちろん、すべてがうまく実施されていないと、評価制度が運用されているとはいえません。では、※**重要なステップを中心**にそれぞれのポイントを解説していきましょう。

ステップ1　評価の実施

まずは、評価基準に基づいて評価を行ないます。事前に本人と評価者に「評価シート」（165ページ参照）をそれぞれ配布し、評価後、回収します。評価シートに必ず判断理由を記入してもらって「A・B・C」のいずれかに「○」をつけてもらいます。

ここでのポイントは、**本人と評価者（評価者が2者いれば3者）が同時に評価を行なってもらう**ということです。共通の評価シートに自己評価、1次評価（上司）、2次評価（上司）と順番に進めるところも多いのですが、これでは、適正な評価を実現するのは困難です。

なぜなら、このような順で評価を進めると、前評価者の評価結果にどうしても影響

※ステップ2・4の解説は頁の関係上で割愛させていただきました

されてしまって、本来の自分自身の視点で評価ができなくなってしまうからです。

評価は次のようなポイントに注意しながら実施します。これは、評価者研修時に評価者へ指導します。

① 事実のみに対して評価を行なう

評価者がはっきりと認識できる結果、事実のみに対して評価を行ない、「行なっていただろう」「発揮されたであろう」という予測評価はしない。評価、判断できない項目は判断しない。

② 評価期間内だけを評価の対象とする

たとえば、評価期間を1日でも過ぎて起こったできごとは評価の対象外。次の評価期間に反映する。

③ 評価基準にある内容についてのみ評価する

評価基準の評価項目にある内容の対象になる行動、仕事ぶり、結果のみが評価の対象。それ以外のスキルや人柄（たとえば、好き嫌いや情による評価、まったく仕事に関係ない英会話のスキルなど）は評価の対象外とする。

④　自分の判断基準、レベルで評価しない

「おれが若い頃はもっとやれていた」など、自分の判断基準、レベルで評価しない。あくまでも、評価基準のレベルを基準にする。

⑤　被評価者（評価される人）のイメージで評価しない

過去の実績などからできあがった「○君は営業力があるはずだ」「△君はケアレスミスが多い人だ」などのイメージは捨てて評価に取り組む。あくまでも、評価期間内の事実のみが評価の対象。

⑥　拡大解釈、拡大評価しない

ひとつの目立ったできごとを複数の評価項目に関連づけて反映しない。評価項目一つひとつの要素ごとに確実に評価する。

評価シート記入例【営業部の場合・一部抜粋】

【評価シート】

【（上司評価）・ 自己評価 】

評価対象期間	20××年1月1日～3月末日

部署	営業部	グレード	L1	被評価者名	中村健二	評価者名	（部長）宮原俊彦

	評価項目		判断理由・根拠	評価
成果	経営理念の理解	①	自分では十分理解しているが、部下への指導はまったく行なっていなかった。	A・B・Ⓒ
成果	目標に対する取り組み	①	自らの目標達成へのプロセス立案や実行、管理はうまくできていた。	A・Ⓑ・C
成果	目標に対する取り組み	②	自分の計画づくりで精一杯。部下の目標に対するプロセスや手法は把握できていない。	A・B・Ⓒ
成果	企画提案	①	お客様からは表面的なことしか聞き出せておらず、本当の悩み、要望を解決する提案は行なえていない。	A・B・Ⓒ
能力	情報収集力	①	情報誌やインターネット等から情報収集を行なっており、月2、3回は朝礼やミーティングの場で情報提供していた。	A・Ⓑ・C
能力	報告・連絡・相談	①	いろは（株）に対する競合先の状況報告が遅れ、売上を落とした。	A・B・Ⓒ
能力	必要知識・技術・資格	①	L1以下の最低限必要な知識と資格は満たしている。日商簿記3級を所有。	Ⓐ・B・C
能力	部下育成指導	①	ときどき部下の相談に乗って、アドバイスを行なっている姿が見受けられた。	A・Ⓑ・C
情意	責任感	①	部下の達成できそうにない目標も、自分がやらなければという意識で仕事に取り組んでいた。	A・Ⓑ・C
情意	責任感	②	率先して部下にお手本を示そうという意識で行動ができていた。	A・Ⓑ・C
情意	積極性	①	常に高い目標へチャレンジしており、達成に向けて努力することで自分を成長させたいという意欲は人一倍持っている。	Ⓐ・B・C

Point
★
3者が個別に評価を行なうことで、客観性を持つ。

⑦ 業績項目は7段階、それ以外は3段階評価

業績項目以外の成果・能力・情意項目の評価は「A・B・C」の3段階（次ページ参照）で判断します。

業績項目は「SS・S・A・B・C・D・E」の7段階評価（128〜129ページの「評価基準（業績項目）事例」参照）で評価します。

以上のポイントに気をつけながら評価を実施します。

評価は3名で行なってください。3名とは、「直属の上司」「その上の立場の上司」「自己」の3者です。理由は適正な評価を行ない、育成に結び付けていくためには、この3者の評価が必要だからです。次の評価決定会議、育成面談を有効なものにするためでもあります。

社員一人ひとりの評価結果を集約・分析し、「育成シート」と「評価結果一覧表」を作成します。

3段階評価（A・B・C）の判断基準

「A」評価判断基準
どれかひとつに該当すれば「A」評価とする

評価	判断基準
A	該当グレードより1つ上のグレード内容の仕事ができていた
	評価基準の業務についてとくに率先して積極的に取り組んでいた
	ほかの社員の模範となるような仕事ぶりであった
	指導できるレベル、あるいは周りによい影響を与えていた（評価項目内容に「指導・アドバイスしていた」等の表現がない場合）
	同グレード社員と比較しとくに優れた結果を残した
B	該当するグレードの評価基準の内容が当たり前に標準的にできていた
	軽微なミスはあったが、その後の努力でカバーすることができていた
△B	該当項目の仕事を行なっているかどうかが、未確認のため判断できない
C	評価基準の内容ができていなかった
	該当する仕事でミスや失敗があった

「B」に「△」を記入する

Point
★
「育成会議」は社員全員分、時間をかけて毎回実施する。

ステップ3　育成会議

運用のステップのなかで、「人材育成」という成果につなげるために重要なのが「育成会議」です。しかし、評価制度を運用していても、この「育成会議」がきっちり行なわれているところは、私の経験上、1社もありませんでした。ここを徹底しないと、本人に納得してもらえるような評価はできません。

「育成会議」とは、評価結果の集約を行なったうえで、評価者が一堂に集まり、**評価結果のすり合わせ**を行なう会議です。

被評価者中村さんを評価した、宮原部長と大西課長の間では必ず評価結果に差が出ます。その差を項目ごとに一つひとつすり合わせをしていくのです。

人事担当者を吉永人事課長として、その進め方の一例をご紹介しましょう。

吉永人事課長　「それでは、中村君の能力項目の『報告・連絡・相談』の項目ですが、大西課長は『A』評価、宮原部長は『C』評価とされています。それ

育成シート作成例【営業部の場合・一部抜粋】

【育成シート】

グレード					L1					
氏名					中村健二					
評価対象期間					4年1月1日～20					
部署					営業部					
評価者					宮原部長		大西課長		自己	
業績	全社目標	業績結果項目	売上高		C	0.83	C	0.83	C	0.83
業績	全社目標	業績結果項目	経常利益		B	2.50	B	2.50	B	2.50
業績	部署目標	業績結果項目	売上高		B	1.75	B	1.75	B	1.75
業績	部署目標	業績結果項目	営業利益		A	2.04	A	2.04	A	2.04
業績	部署目標	業績結果項目	契約件数		B	1.75	B	1.75	B	1.75
業績	個人目標	業績結果項目	契約件数		B	14.00	B	14.00	B	14.00
業績	個人目標	業績結果項目	個人売上高(1棟当たり売上)		S	4.67	S	4.67	S	4.67
業績	個人目標	業績プロセス項目	DM・はがき件数		C	4.38	C	4.38	C	4.38
業績	個人目標	業績プロセス項目	総面談件数							1
業績	個人目標	業績プロセス項目	契約率							
業績	個人目標	業績プロセス項目	アンケート点数(プラス評価)		9					
成果	経営理念の理解			①						
成果	目標に対する取り組み			①	B	10.00	A	15.00	A	15.00
成果	目標に対する取り組み			②	C	5.00	B	10.00	B	10.00
成果	企画提案			①	C	7.00	C	7.00	C	7.00
能力	情報収集力			①	B	6.00	B	6.00	A	9.00
能力	報告・連絡・相談			①	C	2.00	A	6.00	B	4.00
能力	必要知識・技術・資格			①	A	4.50	A	4.50	A	4.50
能力	部下育成指導			①	B	6.00	B	6.00	B	6.00
情意	責任感			①	B	4.50	B	4.50	B	4.50
情意	責任感			①	B	4.50	B	4.50	B	4.50
情意	積極性			①	A	9.00	A	9.00	B	6.00
合計					174.64		204.64		210.64	
評価点					189.64					
評価結果					C					

二次評価者
被評価者が所属する部門長

一次評価者
直属の上司

記入方法
「評価ウェイト配分表」の「L1」グレードの欄から、評価（A・B・C）に対応した点数を記入それの判断理由をお聞かせいただけますか」

大西課長「中村君は、依頼したことは、常に経過報告をしてくれて、非常に助かりました。客先であったできごとなども、細かく把握しており、ポイントを絞って的確に報告していました。L2の山口君と比較しても報告においては優れていたと判断し、『A』評価としました」

宮原部長「しかし、中村君は、いろは株式会社が競合他社からプレゼンを受けた件を報告しておらず、当社が独占していたシェアを奪われ売上を落としてしまった。大西課長と私に事前に報告して、対策を取っていれば未然に防げたものを……。これは会社にとっては明らかに損失であって、今回はマイナスの『C』評価にならざるをえない」

吉永人事課長「中村君の報告忘れから業績を落とすようなことがあったのなら、『A』評価ということはないと思いますが、大西課長、いかがですか」

大西課長「確かに……。私の『A』評価を『C』評価に修正します」

この「育成会議」がなぜ必要かは、もうおわかりですね。そう、評価者間の判断の

評価結果一覧表作成例

所属	氏名	グレード	役職	評価点数	評価	自己評価	社長	宮原部長	北川部長	大西課長	吉岡課長	吉永課長
営業部	[illegible]	[illegible]	長	198.67	B	176.08	198.67					
	西康男	M1	課長	201.25	B	190.75	163.83	238.67				
	山口淳	L2	係長	196.71	B	248.64		192.08		201.33		
	中村健二	L1	主任	189.64	C	210.64		174.64		204.64		
	谷口修	S3		224.04	A	203.83		235.75		212.33		
	本田恵子	S2		208.21	B	[illegible]		[illegible]		195.08		
	田中寛	S2		185.92	C	[illegible]		[illegible]		166.65		
	梅田敏明	S1		235.00	S	[illegible]		[illegible]		223.33		
製造部	北川大地	M2	部長	176.75	C	210.08	176.65					
	吉岡誠	M1	課長	190.46	B	224.08	192.08		188.83			
	上野明	L1	主任	173.38	C	179.83			152.08		194.67	
	川口栄美	S3		188.29	C	233.75			191.75		184.83	
	佐藤雄一	S3		215.67	A	190.50			[illegible]		[illegible]	
	鈴木正樹	S2		203.36	B	[illegible]			[illegible]		[illegible]	
	石丸文雄	S2		168.92	D	[illegible]			[illegible]		[illegible]	
	川原伸治	S2		224.46	A	[illegible]			[illegible]		[illegible]	
	中村純子	S1		220.04	A	208.75			[illegible]		228.33	
	林田ゆみ	S1		211.21	A	252.08			208.67		213.75	
総務部	吉永太郎	M1	課長	177.52	C	259.50	174.64	165.83	192.08			
	福山美香	L1	主任	194.92	B	190.83					213.08	176.75
	栗原真代	S2		172.75	C	185.08					200.67	144.83
				197.96		207.70	181.19	210.01	193.94	200.58	206.59	160.79

氏名
被評価者の氏名を記入

評価点数
上司２人の評価点の平均点を記入

評価
下の判断基準に基づき評価を決定。この一覧の評価と評価点数は評価決定会議で調整、変更する

■判断基準

SS	S	A	B	C	D	E
250点以上	230点以上 250点未満	210点以上 230点未満	190点以上 210点未満	170点以上 190点未満	150点以上 170点未満	150点未満

バラツキをこの「育成会議」を通じて修正するのです。評価した結果、どのような差が出るのか、実際にある会社で行なった評価結果をまとめた「評価結果一覧表」を171ページに掲載していますので、参考にしてください。

また、「育成会議」は、適正な評価を決定するだけではなく、**評価者に判断の視点や正しい判断のしかたを学んでもらうための教育**でもあります。言い換えると、部下指導の方向性や考え方について会社が目指す方向性に幹部、評価者全員でベクトルを合わせていく場ということなのです。

そのためには、「育成会議」を評価のたびに行なう必要があります。そうしていかないと、公平で納得感のある評価制度は決して実現できないのです。

ステップ5　育成面談

もうひとつ重要な運用のプロセスが、「育成面談」です。一般的には、評価者である上司が評価結果を本人に「返す」面談ということで、「フィードバック面談」と呼ばれるケースが多いようです。

Point
★
一度は社長が全社員の育成面談に同席しましょう。

しかし、ここでいう「育成面談」は、通常の「フィードバック面談」とは少し主旨と内容が異なります。一般的な「フィードバック面談」は、「評価の適正化」に主眼が置かれ、評価結果となぜそのようになったのかを本人に伝えることが主な内容でした。

これに対して、「育成面談」は伝えて終わりではなく、次期の育成に向けての改善課題、目標を明確にすることに重点を置きます。「フィードバック面談」の一歩進んだ形といえます。

評価者は、必ず次ページの「育成面談シート」を事前に作成します。面談は基本的には被評価者と評価者で行ないますが、必要な場合は社長や人事担当者を同席させることもあります。まず、育成シートをもとに今期評価の伝達を行ない、本人の意見も引き出しながら納得を得たうえで、次期に向けた話に進みます。

思い出していただきたいのですが、人事評価制度の目的は「人材育成を通じた経営目標の達成」です。この人材育成の実現のために、「育成面談」を通じて本人の成長につなげるべく指導を行なうのです。

「育成面談＝成長支援の場」ということを肝に銘じておいてください。ここを間違えると、人事評価制度は必ず失敗します。

7 次の四半期の個人行動目標（「できている⇒さらにできるようにする」／「できていない⇒改善する」など３〜６項目）

個人行動目標	評価項目	番号	内容
	目標に対する取り組み	①	現状は上司の支援がなければ目標の管理ができていないので、次の四半期終了までにほぼ自分ひとりでスケジュール管理できるレベルまでになってもらう。

評価結果を踏まえて、何から手をつけるべきかを明確にしたうえで、次期の目標を決める。

達成「レベル」と「期限」を明確に！

8 面談を締めくくるにあたり伝えたいこと（やる気や意欲を上げるために、プラス面を告げて終了する。／例：「一緒に頑張っていこう！」など）

忙しい業務のなかでも通常業務に加え「個人行動目標」に取り組まないといけないから大変だとは思うけど、私も君が各目標を達成できるように支援していきたいと思っているので、共に頑張ろう！

9 メモ欄　この欄には、上記に当てはまらない内容や面談時における部下の話などを記載してください。

育成面談シート

「育成面談＝成長支援の場」という考え方を徹底するために活用する。評価者が事前に作成し、これを見ながら「育成シート」をもとに面談を実施する。育成に結び付けるためにはこれだけのことを考え、伝える必要がある。

育成面談シート記入例

面談対象者に伝えるべきことについて、下記の項目に従って事前にまとめたうえで臨んでください。

1　導入時の話題づくり（世間話な

先月、旅行に行った話

まずは、場の雰囲気づくりのために軽い話題から入る（趣味、家族の話題など）

2　面談の趣旨の伝達【毎回、確実に伝えること】

なかなか浸透しないのでしつこいくらいに言い続ける

この育成面談の場は、あくまでも「成長支援の場」であることを再確認してください。

3　四半期を振り返り全体的によかった点、ほめたい点

上期、多忙な業務のなか、与えられた仕事をよくこなし
ついては●●君のおかげでスムーズにできた。

受け入れる態勢になってもらうために、全体的によかった点、ほめたいところを伝える

4　評価項目のなかでよかったもののうち、具体的に伝えたい点（3項目位）

評価項目	番号	内容
報告・連絡・相談	①	報告・連絡・相談　いつもタイミングよく的確、簡潔明瞭にできている。とくに○月○日の報告　速やかな報告でクレームが防止できた。先方から御礼の電話あり。

具体的な判断事実を伝え、納得性を持たせる。とくに、自己評価が高い項目は本人の判断理由も引き出しながら対応

5　改善してもらいたい点、上司として気になった点（3項目位）／途中、必ず部下の意見を引き出しながら行なうこと

評価項目	番号	内容
情報収集能力	①	催促しないと情報収集、報告ができていない。次の四半期は主体的に○○に関する情報を入手して、報告してほしい。

評価項目から優先順位をつけて3、4項目に絞る

6　（評価に関する説明が終了したら、いったん評価全体について質問がないか確認）

ステップ6　達成度チェック・支援

育成面談と目標設定が終わったら、次の評価までただ漫然と待っていればいいわけではありません。次の評価までのプロセスにもやらなければならない重要なことがあります。このプロセスは、これまで評価制度のひとつとして認識されていませんでした。

しかし、評価制度を人材の成長に結び付けるためには非常に重要なプロセスであり、その間にやるべきことも「人事評価運用制度」のひとつの仕組みとして取り組まないと決してうまくいきません。

具体的には、育成面談のなかで決めた本人の取り組むべき課題、目標を「チャレンジシート」に落とし込みます（178〜179ページ参照）。この**チャレンジシートに基づいて、評価者は毎月達成度のチェックと反省、次月への取り組みを確認していく**のです。ポイントは、評価者が月間、あるいは週間でやるべきことをルール通りに実行することです。放っておくと、期初に目標だけ設定したまま評価の時期になって3カ月分あ

Point
★
**育成面談から次の評価までの間に、
いかに目標に取り組ませるかが部下の成長につながる。**

るいは半年分まとめて作成してしまう、といった評価者が必ず出てきます。こうなっては評価は形式だけのものになってしまい、決して成果につながりません。

そこで、こんな結果に陥らないために、評価者がやらざるをえない状況をつくります。たとえば、毎月リーダーが集まる営業会議や幹部会議の場にチャレンジシートを持って参加する、毎月社長へ提出するなどのルールをつくっておきます。

さらに、会議などのなかで、チャレンジシートの進捗・管理状況を評価者に報告させるのです。そのためにリーダーは、毎週、毎月部下の達成度のチェックと達成、未達成の要因把握を行なう必要があります。評価から次の評価までの間の、目標達成に向けた行動を効果的に支援するのがこのチャレンジシートの目的です。

ルール通りにやらないリーダーを責める社長もいますが、それだけでは問題は解決しません。とくにこのような資料作成や提出物に関する管理や徹底は、中小企業が弱い部分です。できない個人を責めるのではなく、やらざるをえない仕組みをつくってリーダーを教育していきましょう。これは組織として成長していくために非常に重要なポイントです。

店名 部署	営業部	グレード	S2	氏名	本田恵子	印

	上記目標の取り組みに対して		
	自己コメント	上司コメント	
10月	資格試験の勉強時間がとれず、な	当初決めたように1日1. 分の勉強時間を確実に、継続して持つこと。 継続は力なり！	
	まだお客様の真意をつかめる、引き出すための会話ができていない。	継続 施す いろん 仕様決めの打ち合わせに時間をとられて、営業訓練に対する時間がとれなかった。 仕様決め業務の効率化が課題。	
11月	宅建のテキストをノートにまとめる。毎日まではまだできていないが、週2日程度は1日1分と決めて勉強の時間に当てている。	勉強癖はつきつつあるようだ。 このまま継続を途切れさせないように、さらに量と質を上げてほしい。	印
	HP更新を欠かさず行なえた。ユニークさではアクセス数全国7位を獲得。	HPへの取り組みは評価。訪問者に興味と親近感を持ってもらえるような内容ができた。	
12月	少しずつお客様の真意をつかむポイントがわかってきた。 今後はこちらから言葉をなげかけ、スムーズに警戒心をいだかせないように引き出せるように工夫していく。	かなりお 上達が見 あとは、 けば自店で誰にも負けないヒアリング力が習得できそう。	印
	HP更新を欠かさず行なえた。ユニークさではアクセス数全国7位を獲得。5位以内を目指す。	アクセス数が多かった割には問い合わせに結び付いていない。 見てもらうだけでなく、問い合わせや資料請求につながる表現や見せ方を工夫してほしい。	

数年後の自分の姿を明確にし、どこを目指しているのかを常に意識する

毎月リーダーがきちんとコメントを記入し、面談を行なうのがポイント！

コメント記入および面談が終わったら確認印を押す

チャレンジシート記入例

【営業部・一般職用】チャレンジシート ○○○○年度（第1四半期）	GM			

自己分析によって自分の現状を認識したうえで、目標を考えるようにする

今期のテーマ	目標達成を期待してもらえる人材となる					
現状分析	強み	お客様に「笑顔がいいね」とよく言われる。達成意欲と執着心は強い。	1年後	グレード	S3	目標 年間目標棟数の達成
				成長レベル	目標の棟数の契約を行なう。新入社員の契約支援に向けて同席を行なう。	
	弱み	論理的に話すのが苦手。体力をもう少しつける必要がある。	3年後	グレード	L1	目標 店舗の目標棟数の達成
				成長レベル	店全体をまとめ、引っ張っていける中心的存在。	

レベルアップ目標		目標	到達イメージ	推進手順
	①	ヒアリング力向上	お客様の真意をつかめる。	上司と毎日、実際のお客様を想定したロープレを行なう。お客様の会話のなかで、真意がつかめたときとつかめなかったときに、前後の会話を記録する。
	②	住宅関連知識習得	10月の宅建取得。	権利、宅建業法、その他の法令についてテキストをまとめる。毎日1分は勉強の時間を持つ。ノー残業デー、休日を利用して問題集を行なう。
	③	HP 更新	HP を毎週 1 回更新する。	更新ネタを常に意識し、メモをとって記録に残す。毎日のできごとがわかるような写真を撮る。親しみの持てる HP の作成。

4 人事評価制度の運用を阻害する3つの要因

起こりがちなトラブルを知って、先手を打つ！

☑忙しすぎて評価できない

前節までで、人事評価運用制度について、その手順と進め方をお話ししました。しかし、なかにはこの運用までいきつかない会社があるのです。

せっかく手間暇かけてつくった制度を「絵に描いた餅」にしないために、起こりうるトラブルを知っておけば、いざというときに先手を打って対策を講じることができます。

運用がストップしてしまう理由は大きく3つあります。

ひとつ目は、**「忙しすぎて評価なんてできない」**というパターンです。

私が創業後、3年ほどたった頃の話です。

その会社は、人事評価制度の構築のプロセスまで支援した会社でした。

「社長、新人事評価制度の運用状況はいかがですか？」

「いや～、それが……。実はまったく運用できてないんですわ」

「え～！　それはどうしてですか？」

「簡単に言うと、営業のもんが『忙しすぎて、評価どころではない』と言うんですわ。『社長は業績と評価とどっちが大事なんですか。こんなことに時間をかけていたら、社長が求める高い数値目標なんてとうてい達成するのは無理ですよ』と……」

「しかし……」

「そう言われると、私も業績を上げてもらわんと困るもんでずるずると。導入後、1年半になるけど、ペンディング状態ですわ」

「他社でも同じようなことが起こっているのでは!?」と心配になった私は、過去、人事評価制度の設計を支援したほかの4社も調査してみました。すると、まともに運用できているところは1社としてなかったのです！

このできごとをきっかけに、私はクライアントに対して人事評価制度の運用面まで当社で面倒を見ることを決意し、その仕組みを築き上げてきたのです。

いかがでしょうか。なぜこのようなことが起こってしまうのでしょうか。2つの理由があります。ひとつは評価の重要性を理解していないこと。もうひとつは、これまでに評価を経験したことがないことです。

ここまで読んできたみなさんなら、評価の重要性は十分に理解できているでしょう。しかし、人事評価制度をうまく運用していくには、評価者全員がそのことを理解して評価に取り組んでもらう必要があります。

この重要性が本当の意味で理解できていなければ、忙しいときは評価以外の業務を優先させてしまうため、どうしても評価に本気で取り組まない人が出てくるのです。

評価者が評価の重要性と会社のなかでの位置づけを本当に理解していない。これがひとつ目の理由です。

30人未満の中小企業の社員は、評価の経験値がゼロに等しい方がほとんどです。

たとえば、中途で同業種の経験がある社員を採用したとします。いくら経験者といえども、まったく教えることなく成果を上げてもらうのは無理でしょう。ひと通りのことを教え、しばらくチェックしながら指導するはずです。

ところが、人事評価制度については、制度ができたら一度説明会をし、簡単な手順書を渡すだけで、「あとは、やれるだろう」と、本人任せにしてしまうのです。しかし、本人ははじめて経験することばかりです。細かく指導してもらったわけではないので、当然、最初から満足のいく形でやれるわけはないのです。

2つ目の原因は、**経験したことのない仕事の進め方を満足に教えもしないで任せてしまう**、ということにあります。

☑評価のバラツキが修正できない

評価を実施すると最初に必ず起こることですが、評価者ごとの判断基準はバラバラになります。当然、評価結果はとても公平とはいえない状態です。

これを「制度の設計ミスだ」「評価項目の選定のしかたが悪かった」など、制度のせいにする方が多くいらっしゃいます。こういう方は、あたかも**システマチックかつ**

Point
★
人事評価制度の運用上で解決できない
トラブルなんて起こりえません。

自動的にやれば、公平かつ正当な評価結果が導き出せる、魔法の仕組みが存在するはずだ、と信じているかのようです。

しかし、そのような仕組みはこの世の中には存在しません。

このバラツキをなくし、公平かつ納得のいく評価を実現する方法はただひとつしかありません。それは、先程ご紹介した「育成会議」を繰り返し実施することです。

時間がかかりますし、面倒なプロセスですが、人材の育成のために必要なプロセスと考えればその重要性も納得できると思います。それに、ここに時間と労力をかけることによってリーダーも育っていくのですから。

☑ 賃金が下がってしまうから運用できない

評価基準は、将来の理想の社員像を実現するための育成基準ですから、これまで求めていなかった内容や、明らかに現状よりレベルの高い内容も盛り込まれています。そのようなレベルの基準で評価していった場合、ほとんどの社員の評価結果が低いものになってしまう場合があります。

昇給や賞与に反映しようとしたところ、金額が下がってしまう人が続出。一方、現状行なっている仕事のレベルが落ちたわけではない。これでは社員のモチベーションが大きく低下してしまい、賃金に反映させられない、だから運用できない、というケースです。

このような場合は、運用のルールを柔軟に対応させていきましょう。たとえば、評価の点数判断基準を緩やかにして、調整するなどの工夫をして対処します。

たとえば、171ページにある「評価結果一覧表」の下部にある点数の判断基準を修正します。具体的には、本来190点以上210点未満が「B」評価となるのを180点以上200点未満であれば「B」評価とするなどです。

第2章でも触れましたが、一度決めたルールだからと硬直的に考えるのではなく、**うまくいかない場合は変更すればよい**のです。

新しいシステムを組んだときは、思わぬバグが出やすいものです。それと同じで、人事評価制度も制度のバグは必ず出るものと覚悟して導入、運用に取り組むべきです。

5　支援の仕組みを補足・充実させる

運用後も適正な評価を実施・継続するための仕組みづくりが必要

☑適正な評価を実施するための仕組みを整備する

適正な評価を行ない、社員の納得度を高めていくには、作成した評価制度だけでは不十分な場合があります。

たとえば、「顧客管理ルール通りに、お客様の情報管理と活用が行なえていたか」と評価項目を定めた会社があったとします。ところが、いざ評価を行なってみると、「顧客管理ルールってどんなルール？」という問題が出てきたり、「自ら考えた企画や改善提案を、提案制度に基づいて提案した」という評価項目に対して、「うちに提案制度なんてありました？」と言い出す社員が出てきてしまったり、といった具合です。

もうおわかりだと思いますが、評価のためには「顧客管理ルール」「提案制度」などの「評価制度支援の仕組み」を運用後に整備していかないと、適正な評価は実現できません。本来は運用前に整備するのが理想ですが、そこまで気づかない、という場合も意外と多いものです。

■部門・部署方針、実行計画
■顧客管理シート
■受発注マニュアル
■日報
■清掃マニュアル
■身だしなみマニュアル
■現場プレゼンルール（建設業の現場などで会社のシートや営業ツールなどをどのように設置するかを明確にしたルール）

Point
★
人事評価制度があらゆる社内改善を実行する起点となる。

ここにあげたものは一例ですが、評価の視点の統一のためにも「評価制度支援の仕組み」を確立しておく必要があります。できれば、トライアル評価の期間に必要なルールやツールを洗い出し、仕組み化するとよいでしょう。

活性化のための工夫・アイデアを考える

マンネリを防いだり、常に新鮮かつ前向きに社員に取り組んでもらうための「評価制度支援の企画」が必要な場合もあります。ある会社では、アルバイトを含めた全スタッフが提案した企画を全員で盛り上がって評価する。そんな状況をつくりだすことができました。

業種は居酒屋の店舗を運営している会社です。人事評価制度を導入後、2年が経過したその会社では、制度の運用にもなんとなくマンネリ感が漂っていました。社員のなかからは、何のために評価をやっているのか、という声も聞こえてきました。

そこで、私たちと人事評価制度改革プロジェクトのメンバーが一緒になって、何か再活性化を促す方法はないかと頭を悩ませていました。

そこで、思いついたのが「商品企画コンテスト」です。これなら、アルバイトも含めてスタッフ全員が参加でき、上下の関係なく優勝するチャンスもある。きっと盛り上がるだろう、ということで満場一致で導入することに決まりました。

提案するためのシートやルール、選出方法などを決めて、全社員の前で発表。当初は2カ月間の募集期間です。ちゃんとみんな出してくれるのだろうかと、私も自分のことのようにドキドキしていました。

結果は……、大成功。毎日のように各店舗から、新メニューの提案が届き、プロジェクトメンバーが丸一日集約に追われるほど。

当然、コンテストは大盛り上がり。とくに第1回目の優勝者はアルバイトから出て、本人も大喜び。優勝者の料理は実際に全店舗で商品化。自分が創作した料理がメニューに並ぶとともに、売上に応じてインセンティブを優勝者に支払う仕組みにしていたので、こちらでもモチベーションは上がりっぱなし。よいことづくめでした。

この事例のように、できた人事評価制度をただ運用するだけではなかなかうまくいきません。制度を補完、支援するミニ仕組みを企画、追加していくことも、社員に前向きに継続的に取り組んでもらうためには必要なことなのです。

☑「納得度アンケート」で導入効果を定期的に計測

もうひとつ人事評価制度を活性化し、成果を出していくために、ぜひ行なってほしいことがあります。それは、社員のモチベーション、納得感を継続的に計測していくということです。当社では、「納得度アンケート」と称して、人事評価制度導入後の社員の意識調査を継続して実施しています。

評価の実施および育成面談の終了後に、このアンケートを行ないます。制度の充実度、社員の満足度を計測、制度の改善につなげていくのです。

アンケートの項目に関しては192～193ページを参考にしてください。最後に、制度に対する要望や意見、改善案などを直接書いてもらいます。先程の居酒屋の事例もこのアンケートの意見を参考に発案されたアイデアでした。

この「納得度アンケート」には、もうひとつ重要な役割があります。それは、指導者としてふさわしくないリーダーを見抜くことです。このアンケートは部署とグレードだけを記入して無記名で提出してもらいます。そのため、納得度が高い部署と低い部署の差がはっきりわかるのです。

“納得度が低い” 部署のリーダーには何らかの問題があるということなのです。結果、リーダーの意識づけと教育を行なうためにも大いに効果があります。

これにより、意識して部下との接し方を改善してくれればよいのですが、そうでない方もいます。3回、4回と納得度が低い結果となったリーダーに関しては降格を考える必要も出てくるでしょう。

たとえば、次ページの事例では、C店の店長はかなり本気で改善とスキルアップに取り組まないと「店長降格」となってしまう可能性大です。

Point
★
納得度アンケートがリーダーのマネジメント力を浮きぼりにする。

<店舗比較>

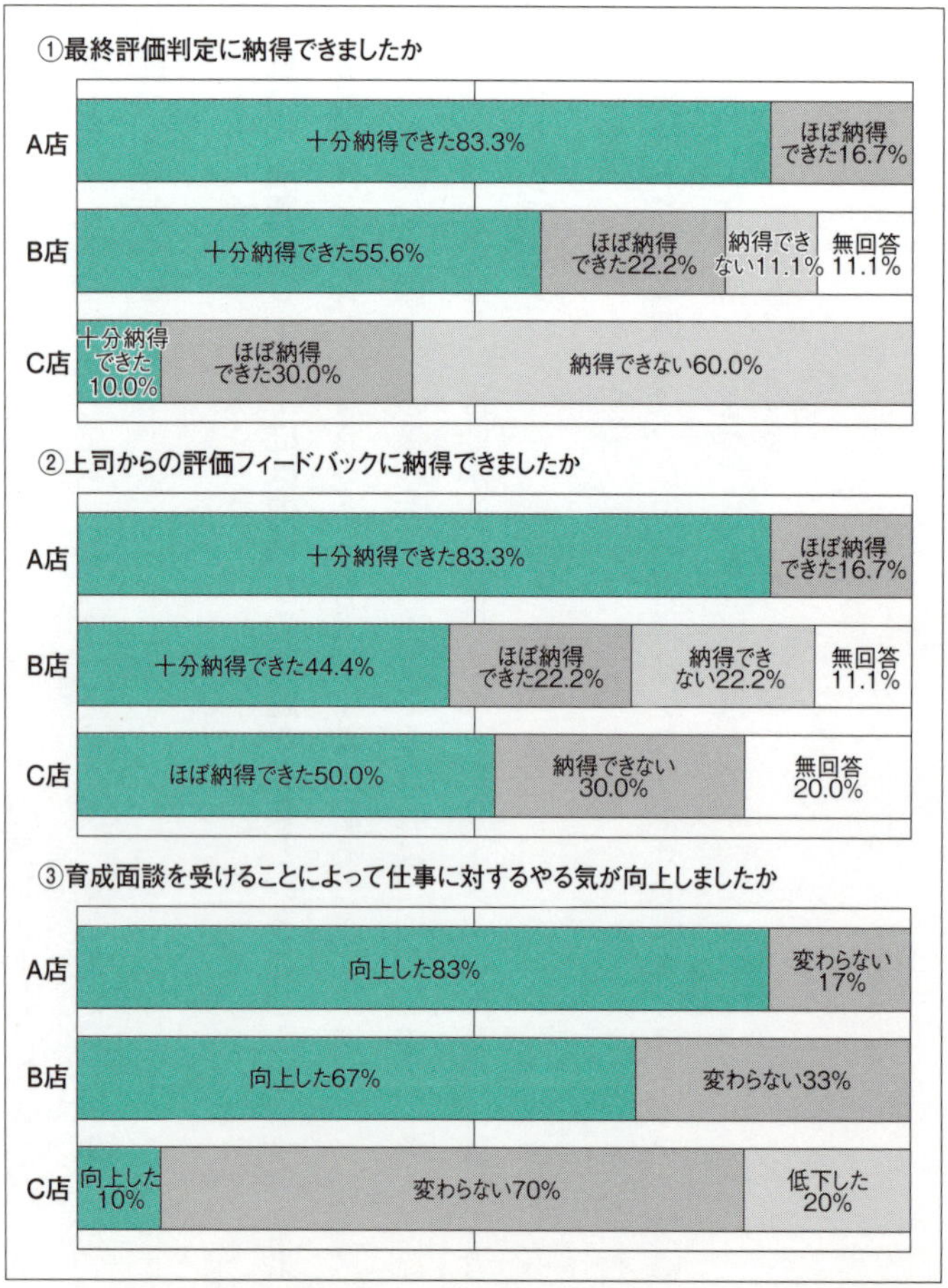
①最終評価判定に納得できましたか
A店
十分納得できた83.3%
ほぼ納得できた16.7%
B店
十分納得できた55.6%
ほぼ納得できた22.2%
納得できない11.1%
無回答11.1%
C店
十分納得できた10.0%
ほぼ納得できた30.0%
納得できない60.0%
②上司からの評価フィードバックに納得できましたか
A店
十分納得できた83.3%
ほぼ納得できた16.7%
B店
十分納得できた44.4%
ほぼ納得できた22.2%
納得できない22.2%
無回答11.1%
C店
ほぼ納得できた50.0%
納得できない30.0%
無回答20.0%
③育成面談を受けることによって仕事に対するやる気が向上しましたか
A店
向上した83%
変わらない17%
B店
向上した67%
変わらない33%
C店
向上した10%
変わらない70%
低下した20%

C店の店長はマネジメント力不足。このままでは店長失格

納得度アンケート事例【一部事例】

<納得度アンケート結果（全体）>

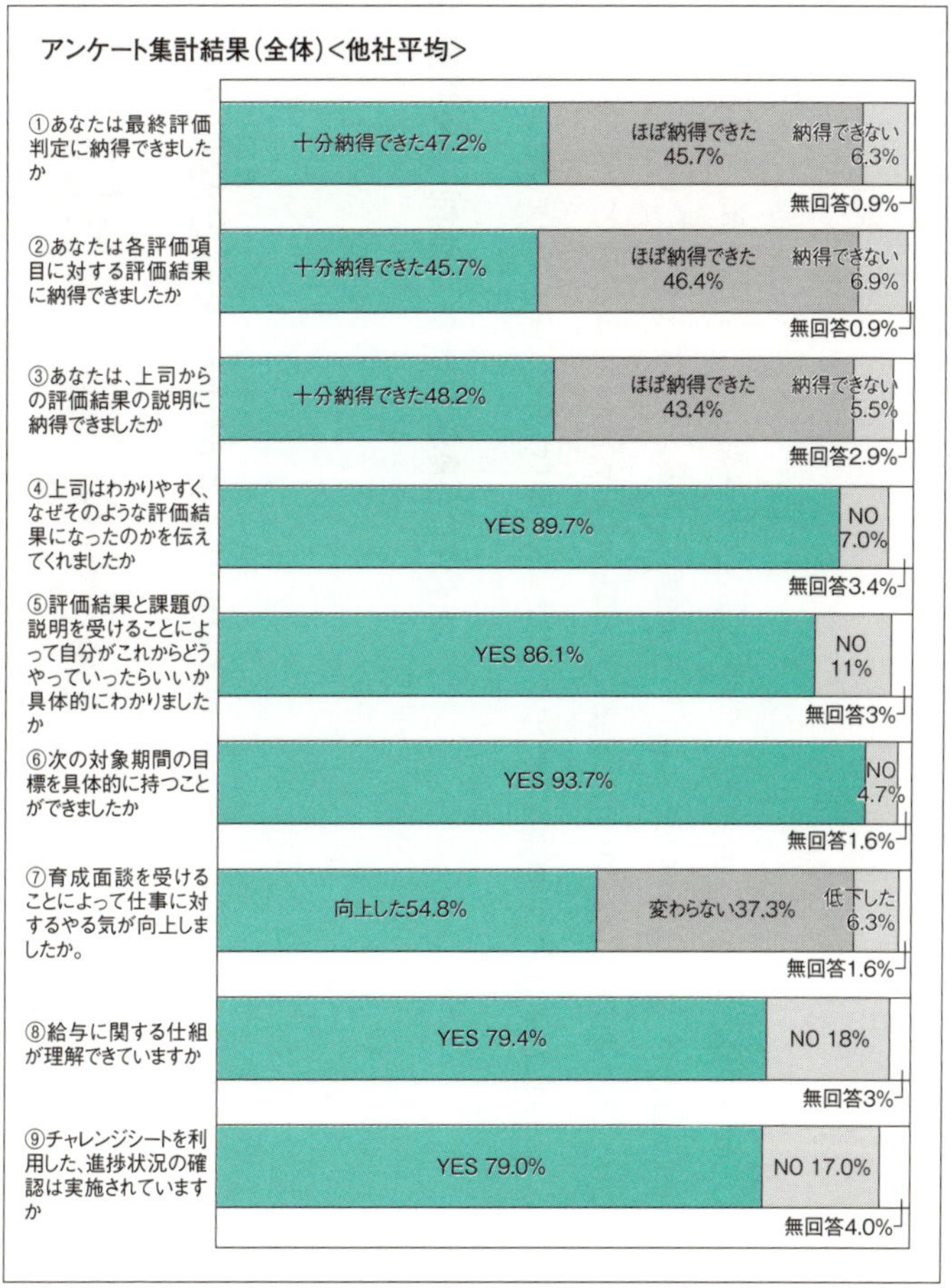
アンケート集計結果（全体）<他社平均>
①あなたは最終評価判定に納得できましたか
十分納得できた47.2%
ほぼ納得できた 45.7%
納得できない 6.3%
無回答0.9%
②あなたは各評価項目に対する評価結果に納得できましたか
十分納得できた45.7%
ほぼ納得できた 46.4%
納得できない 6.9%
無回答0.9%
③あなたは、上司からの評価結果の説明に納得できましたか
十分納得できた48.2%
ほぼ納得できた 43.4%
納得できない 5.5%
無回答2.9%
④上司はわかりやすく、なぜそのような評価結果になったのかを伝えてくれましたか
YES 89.7%
NO 7.0%
無回答3.4%
⑤評価結果と課題の説明を受けることによって自分がこれからどうやっていったらいいか具体的にわかりましたか
YES 86.1%
NO 11%
無回答3%
⑥次の対象期間の目標を具体的に持つことができましたか
YES 93.7%
NO 4.7%
無回答1.6%
⑦育成面談を受けることによって仕事に対するやる気が向上しましたか。
向上した54.8%
変わらない37.3%
低下した 6.3%
無回答1.6%
⑧給与に関する仕組が理解できていますか
YES 79.4%
NO 18%
無回答3%
⑨チャレンジシートを利用した、進捗状況の確認は実施されていますか
YES 79.0%
NO 17.0%
無回答4.0%

継続して実施、効果測定をすることがポイント

6 成功企業には共通点がある

プロジェクト成功のポイントを知っておこう

☑人事評価制度が定着すると年功序列になる

こんなことをいうと、「えっ！」と驚く方もいるかもしれません。なぜなら、「年功序列」という処遇のしかたは、このところ肯定的に扱われることはなかったからです。

しかし、私が知るかぎりでは、人事評価制度で成果を出している30人未満の中小企業には、結果的に「年功序列」の会社が多いのです。もう少し正確に言うと、「勤続年功序列」です。

どういうことかご説明しましょう。

人事評価制度が定着し、人材が順調に成長している会社は社員の定着率が高いため、比較的勤続年数の長い社員が幹部となっているのです。創業当時から社長と一緒に会社を立ち上げた人材や、零細企業のときから苦楽をともにしてきた人、あるいは、新卒やそれに近い状況から社内で育った人材が社長の右腕や管理職として活躍している会社ばかりなのです。

後から、管理職や幹部候補の人材として、新しい人材を中途採用で持ってきてもなかなかうまくいきません。周りから認められなかったり、その人の考え方ややり方にほかの社員が馴染めなかったりするため、幹部クラスまで上り詰める人はいません。やはり、外から人材を招くより、社内の人材をじっくり育てるほうが中小企業にはしっくりくるのかもしれません。

それともうひとつ、**「年功序列」の「功」は「功績」の功です。**功績を残した社員を正当に評価して、リーダーとして登用しているということです。ここが「年功序列」という言葉が少々誤解されて浸透してしまっているところですね。単に年齢が高い順に役職、職位に就くことと解釈している人も多いと思います。本来、この功績の

Point
★
素直な人は成長が早い。
素直な組織も成長が早い。

序列も含まれるものなのです。

☑ 素直な組織は成功する

人事評価制度を成功させるには素直な組織である必要があります。新しい仕組みやその結果に素直かつ柔軟に対応できるかどうかで、成果に大きく差が出てきます。

たとえば、中小企業ではよくあるパターンですが、在籍年数が長いだけで上位職に就いている人がいます。もちろん、この場合は「功績」がなく、「勤続年数」だけで昇進していった人たちです。

このような人は新しい評価制度で評価を行なうと、低い評価結果しか出てきません。自分の実力以上の役職あるいは職位に就いているからです。何回評価と指導を重ねても、なかなか仕事ぶりも改善しないし、結果として評価はよくなりません。このような状況が続けば、本来は降格させるべきなのですが、これをなかなか決断できない社長がいます。

その結果、ほかの社員にも悪影響が出始めるのです。

たとえば、若くて頑張っている人たちからは、「実力主義でいく、頑張っている人を厚遇していくという謳い文句で新制度を導入したのに、結局、以前と変わらない」という声が聞こえてきます。結果、優秀な若い人材のほうが辞めていってしまうという、最悪の事態にもなりかねません。

改革のために導入した制度なので、これまでのやり方は捨てて、評価結果の通りに素直に変化、対応しないと期待した効果も出ないどころか、逆効果になってしまう場合もあるのです。

新しい制度を導入する前には、これまでのやり方や考え方を変えて、素直かつ柔軟に組織を変革していく覚悟をしてください。

まずは、やってみる

前項にもつながることですが、新しいことを始めるときはまずは実行してみることが大事です。

実行する前にできない理由や想定される弊害を並べ立てて、なかなか実行に移さない社長が時々います。また、完璧な制度を求めすぎて、いつまでたっても制度構築中、という会社も時々見受けられます。こういった組織はたいてい改革が思うように進まず、結局、失敗に終わる場合も多いのです。

慎重になるのはわかりますが、石橋もたたきすぎると壊れてしまいます。どんな改革も、まずは実行してみないと効果が出るかどうかはわかりません。第2章でも書きましたが、この人事評価制度についても、**あとで改善することを前提に、まずは導入してみる**ということが大事です。

繰り返しますが、60〜70%の仕上がり度でOKなのです。さあ、あとは実行あるのみです。さっそく幹部社員を集めて取り組みをスタートさせましょう。

第7章

【事例】どんどん成長した社員たち

幹部社員の反発。
改革のスタートはここからだ

事例

1

経営ビジョン発表会で社員の思いをひとつに

小さな雑貨店が売上3・8倍を実現し圧倒的地域ナンバー1店へ

株式会社勉強堂
（宮崎県）
代表取締役　與田守孝
雑貨・化粧品販売

DATA
創　　業…1956年
資本金…1000万円
従業員数…51人

☑歯止めがかからない顧客減少

「出口が見えないトンネルに入ってしまった」。その会社とはまさにそんな状態からのお付き合いでした。

勉強堂は、宮崎市内の商店街に30～50坪程度の店舗を4店構え、化粧品やキッチン雑貨、子供服、ステーショナリーなどの販売を主に女性向けに展開していました。しかし、ご多分に漏れず、宮崎の商店街もシャッター通り寸前、毎年、顧客数は激減、売上は下降の一途を辿り、ピーク時の60％程度まで落ち込んでいました。もちろん、赤字経営です。

勉強堂　業績推移

2003年　ビジョン実現型人事評価制度取り組み
売上：約3.8倍　営業利益：プラス23.5百万円（2004年8月比）

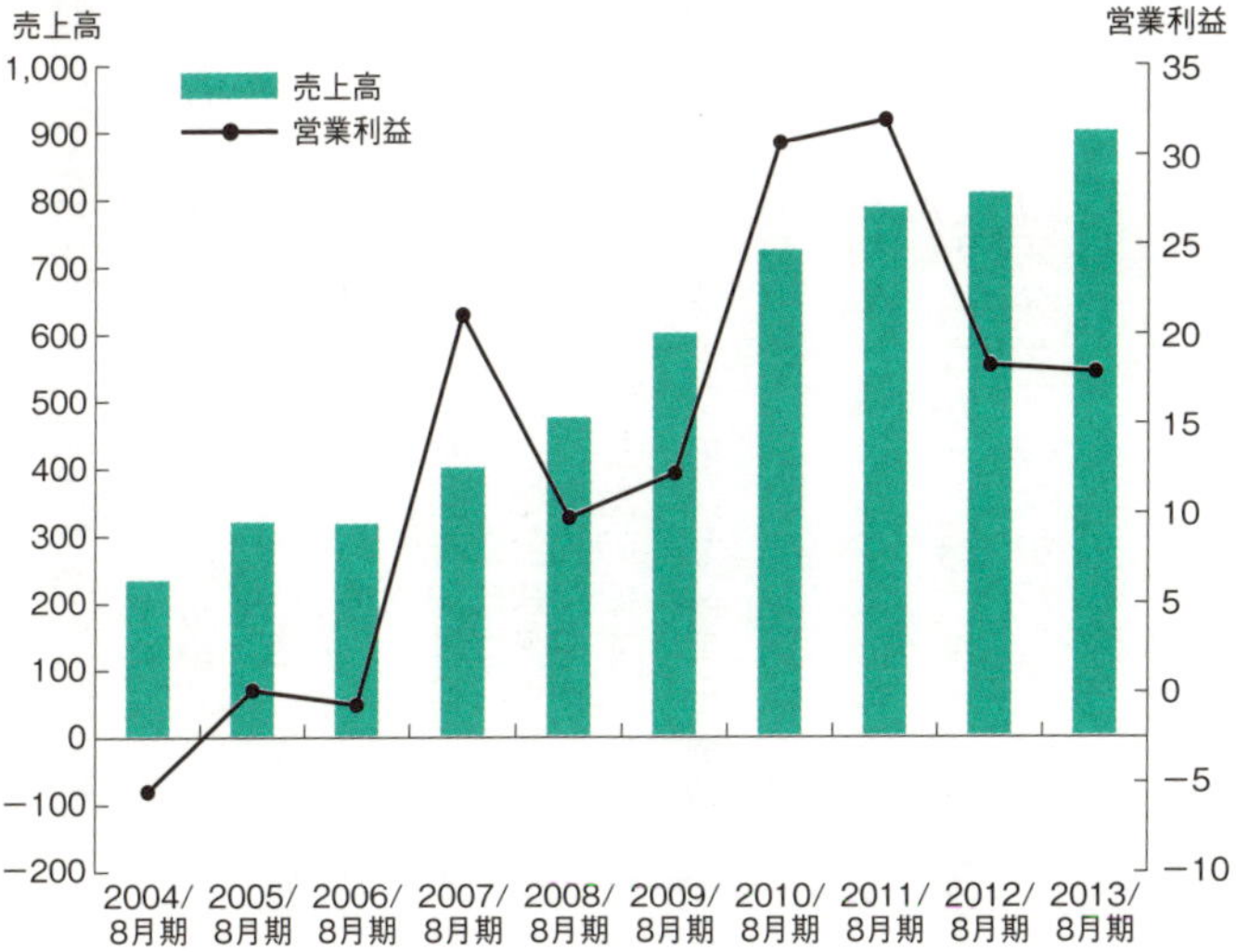

（単位:百万円）

コンサルティング内容を自分が理解できるまでしつこいぐらいに細かく聞こうとする與田《よだ》守孝社長。しかし、社長は、どこから手をつけたらよいのか、もうまったく見当がつかない、という状態でした。私が支援する直前にも、別のコンサルタントから効率化の指導を受けていましたが、成果が出るどころか、無駄なことにお金を使って、さらに利益を圧迫している状態でした。

☑経営計画書で5年間思い続けた夢が現実に

そこで、私はまず、経営計画書の策定から取り組み、「将来のビジョンと方向性」を明確にして、それに基づいてやるべきことを整理していきましょう、という提案をしました。

社長と2人で約3カ月間の時間をかけて、じっくりと経営計画書をつくりあげました。そして、パートさんも含めた全スタッフを集め、会場を借り切って、3時間かけて経営ビジョン発表会を開催したのです。

なにしろ、社長もスタッフもはじめての試みですから、社長の説明はしどろもどろ、スタッフは「ぽか～ん」と口を開けたままという、とても外部の第三者には見せられない内容でした。しかし、後になってあるスタッフから聞いた話ですが、具体的なことははっきりとはわからなかったけれど、**「これで会社は変わるんだ！」と強く感じた**そうです。ほかのスタッフのなかにもそのように感じた人も多かったのでしょう。

その後は、店長クラスのスタッフを交えて、戦略を具体的に現場に落とし込んでいくためのアクションプラン（実行計画）の作成に取り組みました。ここからは、トップダウン方式ではなく、スタッフを巻き込んで何を具体的に行なっていくかを自分たちで考えてもらいながら、進めていったのです。

このプロセスは非常に重要です。

自ら参加することによって自らが決めたことを実践していくという意識を促進することができます。社長のトップダウンだけでは、他人事になってしまうリーダーも実際に出てきます。ところが、リーダーからは、「これまで社長の行き当たりばったりの戦略や急な要求事項も多くて、スタッフも困っていました。正直、社長も一緒に計画を立ててもらうことで、社長自身を計画に沿って実行せざるをえない状況に持っていきたかったのです」という話を聞いたのです。

なんとスタッフのほうがうまく社長を動かしていたのですね！　これには私もさすがに気がつきませんでした。

そうこうしているうちに、私の耳に信じられないニュースが飛び込んできました。

新たな郊外型店舗の出店候補地が決まったのです。それまでの5年間、社長はロードサイドの駐車場を備えた郊外型店舗を望んでいました。でも、なかなかそれは実現しませんでした。それが、**経営ビジョン発表会の1カ月後に、5年間、思い続けて実現できなかったビジョンが実現できた**のです。

思いを形にして人に伝えれば実現できる。それを身近で、まざまざと体験したできごとでした。

☑ ピンチをチャンスに！

そこから、快進撃は始まったのでした。「地域の人たちの楽しく温かみのあるライフスタイルを実現する」、という理念のもと、戦略とさまざまな企画を考え実行していきました。順調に顧客数も売上も伸びていき、この郊外型店舗の売上が商店街にある店舗の不振分をカバーできるまでになりました。

すべてが順風満帆だったわけではありません。宮崎市内にも「黒船」大手ショッピングモールが出店してきたのです。やはり、売上は伸び悩み、少なからず影響も受けました。
しかし、社長は「地域に密着した細やかな顧客対応」という決して大手には真似できない強みを活かせば、勝算はあると踏んでいました。そこで、あえてその近くに2店舗目の郊外店を出店。結果、その大手ショッピングモールの集客力を利用してさらに順調に売上を伸ばすことができ、自社のやり方が正しかったことをお客様が証明してくれたのです。

こういう話をすると、どういう企画が当たったのかとか、どんなシステムを導入すれば集客につながるのとかいうような話を聞きたがる人がいます。何か目新しい、画期的な売上を上げるための共通の得策でもあるかのように。

しかし、そんな打ち出の小槌のようなものはありません。ただ企業として、組織として当たり前にやるべきことを徹底的に継続していっただけなのです。そして、その**「継続させる仕組み」が人事評価制度だった**のです。

☑ 女性のやる気を高める仕組みをつくる

この会社は、当時、社長以外すべて女性という組織体制でした。人事評価制度も通常の設計ではなく、組織の特徴を活かして強みにできるような仕組みと運用方法はないかと模索しながら確立、推進していきました。

たとえば、この会社では人事評価制度のことを「キャリアアップ・システム」という名称にしました。評価基準のことは「キャリア・チェック・シート」、育成面談は「キャリア支援面談」、目標管理シートは「キャリア・チャレンジ・シート」等々、ネーミングで、何を目的にやっているのかをスタッフに意識してもらえるような工夫をしています。

評価の仕組みだけでなく、社内で「ラッピング」や「ポップ書き」などのオリジナル資格をつくり、試験を行なったうえで認証していく「マイスター（社内資格）制度」。既婚者や子育てママのスタッフが働きやすいように勤務体系を整えた「ママさん支援制度」。そのほかにも、「店長育成研修」「新入社員早期育成プログラム」などの独自の人材育成の仕組みをつくり、運用しています。

スタッフからは、「自分の将来ビジョンが明確になった」**「キャリアアップのためにどんな道筋があるのかがわかって安心できた」**という生の声が届いています。

☑ 地域でも圧倒的な一番店に

今では、対象エリアの約3人にひとりはこの会社のお客さんです。仕入れ業者からは連日、「うちの商品を置いてください」と問い合わせが入ってきます。採用の募集広告を出せば、「働きたい」という人がどんどん応募してきます。地域への独自の貢献も支持されたのでしょう。宮崎市内の女性でこの店の名前を知らない人はいないくらいです。社員の定着率も格段にアップしました。

取り組みをスタートして約11年。お客さんに愛され、社員に愛され、地域に愛され、宮崎の人にとって**なくてはならない存在の会社に変わることができた**のです。

この会社が行なっている取り組みとは、「経営計画書の作成と実行の仕組み」「人事評価制度の継続運用」この2つです。たったこれだけで、どこにも負けない独自性を持った、地域で圧倒的ナンバー1の会社をつくりあげることができたのです。

事例

2

社員のベクトルがそろい3年で3倍の売上

全社員がクレドを実践、着実な実績に

株式会社ハーブ健康本舗
（福岡県）
代表取締役　永松靖浩
美容・健康食品加工販売

DATA
設　　立…2002年4月
資 本 金…1000万円
社 員 数…26人

リーダーが全面拒否。先行き不安なプロジェクトのスタート

中核となる部門を任せていこうとするリーダーは、全面的に反対。株式会社ハーブ健康本舗での人事評価制度改革プロジェクトはこんな不安をかかえたままのスタートでした。

そのリーダーは、通信販売会社では肝となる企画部門のリーダー。これからのビジョン実現のための重要な役割を担っていました。当然、永松靖浩社長からみて一番成長してほしい、新しい改革にも全面的に協力してもらわなければならない人物でし

ハーブ健康本舗　業績推移

2010年　ビジョン実現型人事評価制度取り組み
売上高：約3倍（2010年10月比）

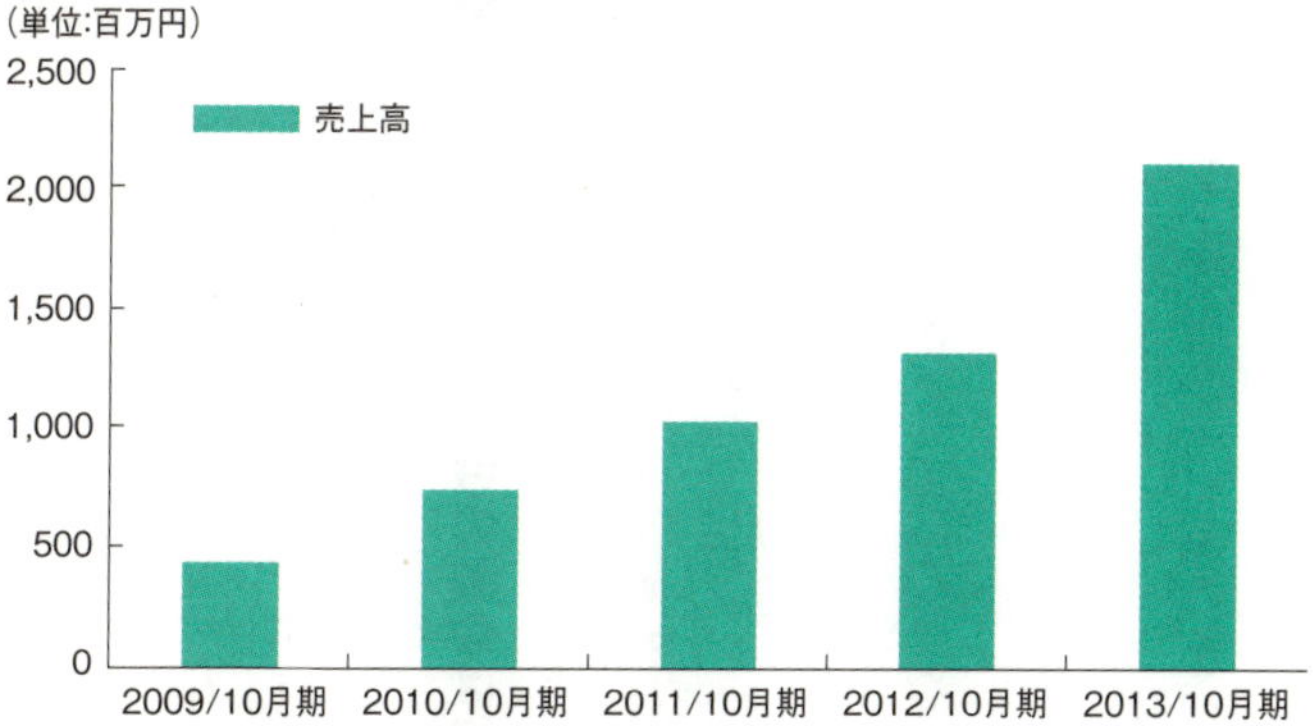

た。

「こんな制度はきっと失敗しますよ」

彼が人事評価制度導入時にもらしたことばでした。

これは実は、彼の過去の体験から出てきたことばでした。

以前彼が勤めていた会社でのできごとです。その会社でも人事制度の改革が行なわれました。しかし、その人事制度は、結果を重視する成果主義的なもので、かえって社内の雰囲気が悪くなり、退職者もあいつぎ、結局、制度の運用をやめてしまった。その結果、会社の業績まで悪化してしまったそうです。

過去にこんな体験をしていた彼は、ハーブ健康本舗も同じような結果になってしまうのではないかと心配していたのです。

ところが、現在では、**「この仕組みがなかったら、今の業績は絶対に実現できなかった」と語る**ほど人事評価制度に前向きに取り組み、部下をまとめ、会社の成長に貢献しています。プロジェクトスタート時点では、永松社長自身が主導していた販促企画や対外的な折衝も安心して任せられるレベルに育ちました。

まさに、会社にとってなくてはならない社長の右腕に成長してくれたのです。

☑「クレド」を実践に結びつけたビジョン実現型人事評価制度

では、売上高が7億円から21億円という約3倍の業績を実現したハーブ健康本舗。その原動力となった「ビジョン実現型人事評価制度」はどのように推進、実行されてきたのでしょうか。

永松社長は、売上高が4億円前後だった当時、「通信販売会社は売上高10億円の壁がある。これを突破するためには現状のままでは到底不可能だ」と考えていました。

とくに、人材や組織面の強化が必要だということを確信していたそうです。

当時は、会社が求める人材像とはかけ離れた人を採用したり、採用しても定着しなかったりという状況が続いていました。これが原因で組織としての力も弱く、業績も伸び悩んでいたからです。

永松社長は、いろいろなところから情報を収集し、自ら学んで、「クレド」[※]が必要だという結論にいたりました。

※「クレド」とは会社の価値基準、行動指針を明文化したもので、社員が行動するときの判断基準、よりどころとなるもの

数カ月かけて永松社長自身が考え、編集し、22カ条からなる「HERB KENKOU HONPO credo」を完成させました。単に条文を掲げただけではなく、各条文ごとに

ていねいな解説を加え、誰が読んでもわかりやすく、行動に移しやすい内容となっています。

ところが、全社員に対して公開し、さまざまな場面で活用しながら実践に結びつけようとするのですが、なかなか社員が実践できるレベルまでは落とし込めません。「クレド」の定着と実践に向けて、さらなる対策の必要性を感じていました。

私と永松社長が出会ったのはこんな状況のときでした。「ビジョン実現型人事評価制度」の考え方を聞き、永松社長は「これしかない！」と思ったそうです。

☑思い描いた以上の人材のレベルアップを実現

「ビジョン実現型人事評価制度」の人材面での効果は、大きく2点あったと永松社長は話します。ひとつは、**「人材成長のスピードが速まった」**点。もうひとつは、**「採用する人材の質が高まった」**点です。

ひとつ目の「人材成長のスピードアップ」については、評価制度を通じて社員一人ひとりの目標と役割を明確にして取り組むことによって、全社員の成長イメージが明確になったことが要因でした。

「自分自身の仕事に落とし込んだときに、具体的に何にどう取り組んでいったらよいかがわからなかった」

「それが、チャレンジシート（目標管理のシート、178ページ参照）ができてから、自分のやるべきことがはっきりわかって迷うことなく仕事に取り組めるようになった」

と社員は話しています。こうして全社員が成長目標に自ら取り組むことで、成長スピードがみるみる速まったのです。

2つ目の「採用人材のレベルアップ」は、「ビジョン実現型人事評価制度」の仕組みを採用面接のときに本人に伝えることで実現できました。自社と価値観を共有でき、自己成長意欲が高い人材だけを採用できるようになりました。

具体的には、採用の1次面接で経営理念やビジョン、クレドを本人に渡し、説明をしてじっくり読んでもらいます。それから本人に感想を聞くそうです。

そうすると、ほとんどの人は、

「こんなに会社の仕組みが明確になっているところは、はじめてです」

と答えるそうです。

また、ハーブ健康本舗では、理解力、論理力、感じ取る力、コミュニケーション力などを重視し、面接でこれらを見抜けるようなテストを実施しています。

内容は独自のものですので、詳細までここで触れることはできませんが、これも「ビジョン実現型人事評価制度」を通じて明確になった社員として必要な能力、人材像から落とし込み、オリジナルで作成したものです。

理念解説と自社に必要な基礎力を見抜くテスト、この2つを実施するようになって、会社が求める水準に合わない人を採用するようなミスマッチは激減しました。

入社してくる人材の質があがり、成長スピードがアップしたわけですから、導入前から比較すると比べものにならないくらいの人材力が実現できたといえるでしょう。

この**人材力アップが3倍の売上を支えた原動力になった**ことは間違いありません。

これからは、売上高50億円というさらに高いステージを目指す株式会社ハーブ健康本舗。「これからも『ビジョン実現型人事評価制度』を通じた人材育成を経営の基軸として必ず実現します」と永松社長は意気込んでいます。

本当に3年後が楽しみです。

事例

3

120%の成長を続け、業界トップ企業へ

スタッフの高い成長意欲と業績アップを実現

株式会社アクト
（埼玉県）
代表取締役　伊藤啓介
リサイクルショップ

DATA
創　　業…1975年
資 本 金…1000万円
従業員数…37人

どこから手をつけたらよいのか答えが見えず

電動工具中心のリサイクルショップを埼玉・西東京エリアに6店舗展開する株式会社アクト（人事評価制度取り組み当初は4店舗）。

2011年当時マネジャーとして店舗全体を統括していた現社長の伊藤啓介さんは事業の継承を間近に控え、

「このままではこれ以上の成長は難しい」

とこれまでの経営手法に限界を感じていました。

アクト　業績推移

2011年度　ビジョン実現型人事評価制度取り組み
売上高：約1.9倍　経常利益：約14.4倍（2010年6月比）

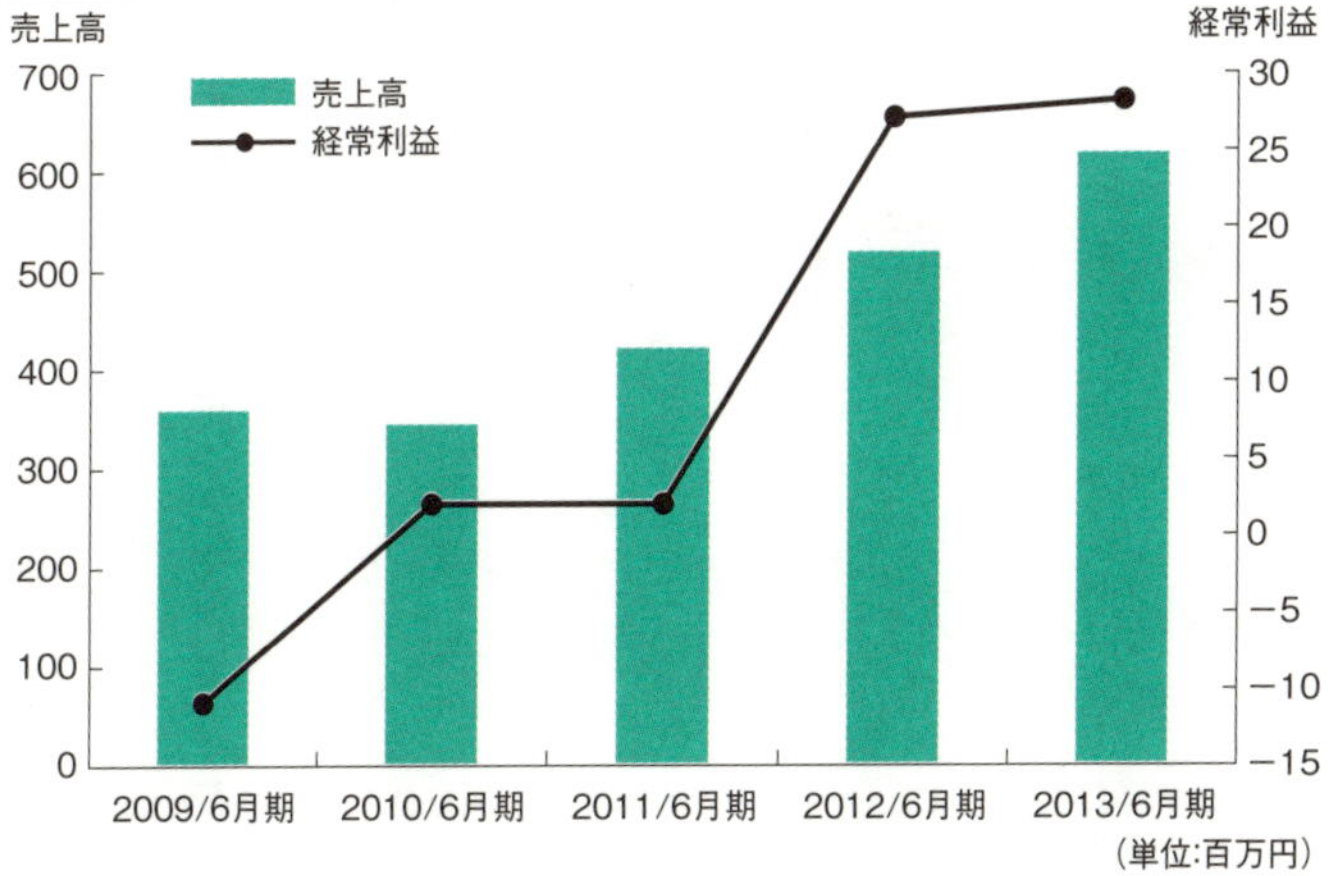

それまでは、売上や粗利益といった店舗の数値管理を中心に経営の舵を取り、順調に事業を成長させてきましたが、その伸びが止まって、2010年6月期の決算では、伊藤社長が入社してはじめての減収を経験しました。

人材が大きな要因でした。

店舗形態で事業展開をしているため、顧客と直接接するスタッフが成長してくれないことには業績にはつながりません。スタッフのレベルアップが実現できてないため、業績も停滞していたのです。原因を追究していった結果、「自分たちの頑張りを会社が認めてくれない」「忙しい現場をわかってくれていない」という声が現場から多くあがってきました。**スタッフが仕事にやりがいを感じられないままお客様と接していた**のです。

このことから、スキル面より、モチベーションが会社の成長を阻害している要因だということがはっきりしました。しかし、自らさまざまな手を打つも、なかなか有効な手立てが見つかりません。

焦りがつのるばかりでした。

☑「経営理念」を明確にしたが、浸透方法がわからない

伊藤社長は、書籍を読みあさり、セミナーや異業種交流会に積極的に足を運び、必死で情報収集に動きました。

そして、スタッフにやりがいを持たせ、組織のベクトルをそろえていくには会社の経営理念やビジョンを中心とした理念経営が必要だということに気づきました。

書籍などを頼りに、経営理念やビジョンを自分なりにつくって、社内で発表会も行ないました。

しかしその後、日々の業務に忙殺されて理念やビジョンはスタッフの記憶からは徐々に忘れ去られていきます。意識づけ、浸透のさせ方がわからず、**掲げた経営理念もまさに「絵に描いた餅」状態。**なかなか実践するところまで行きつきませんでした。

「こんな悩みを抱えているときに出合ったのが、本書『小さな会社は人事評価制度で人を育てなさい！』でした。

この本を読んで一番の気づきは、「経営理念」と「人事評価制度」の一貫性でした。それまでは、「経営理念」と「人事評価制度」は別々のもので、それぞれ関連性は持たないものだと考えていました。今の自社にはこの考え方が欠けていたんだ！　と、まさに目からうろこが落ちる思いでした」

と、伊藤社長は当時を振り返ります。

伊藤社長は決めたことは即実践、行動・実践力が強みです。

伊藤社長自ら当社へコンタクトを取り、一緒に「ビジョン実現型人事評価制度」を推進していくことになります。

☑ 店長からは総スカン。導入には高いハードルが…

コンサルティングのなかで、経営計画書をあらためて練り直し、5カ年計画や戦略もより具体的なものができました。評価基準も「ビジョン実現型人事評価制度」の考え方にそって、**経営計画書を落とし込み、理念や方針につながる行動基準**ができあがりました。

そして、新たな経営計画書と評価制度の発表会。評価への取組みも2012年4月にスタートしました。

ところが、社員の反応は期待とは裏腹。改革プロジェクトを中心になって推進していってもらわなければならない**店長からはブーイングの嵐、総スカンを食ってしまいました。**

「いきなりなにをやりだすのか」

「理念？　人事評価？　現場しか経験のないスタッフに理解できるわけない」
「ただでさえ忙しいのにさらに業務を押しつけられても、とてもやる気にならない」

評価を通じたコミュニケーションが人材と組織成長のスパイラルに

しかし、伊藤社長はあきらめませんでした。評価後の育成面談では、自らスタッフ全員の面談に同席し、**一人ひとりにこの改革が「みんなの幸せの実現のため」で「これからのアクトにとってなくてはならないもの」であること、そして「絶対にイキイキとしたやりがいのある組織が実現できる」ことを自分のことばでていねいに理解してもらえるまで伝えていった**のです。

そのかいあって、店長やスタッフも回を重ねるごとに前向きに取り組むようになってきました。

伊藤社長は何より、**コミュニケーションの改善が業績回復の一番の要因**と語ります。つまり、育成面談を通じて伊藤社長と店長、店長とスタッフそれぞれのコミュニケーションの場を毎回持つことになりました。こうして、人と人との意思相通が図れたことが、課題としていたスタッフのモチベーション向上に大きな効果があったのです。
「上司が認めてくれている」
「自分の仕事を見てくれている」
このことが全スタッフにはっきりと伝わり、みるみる社員が自分の課題に前向きに取り組むようになってくれたのです。

こうなってからのアクトの**業績の伸びはまさに「人についてきた」**ということばがぴったりです。冒頭の業績推移にもあるように、売上は毎年120％前後の成長を実現。

そして何より利益が劇的に改善することで、その後の店舗展開と資金繰りにも余裕が生まれました。

税金を支払ったらわずかな現金しか手元に残らないという状態から、運用初年度の決算から2000万円近くの手元余裕資金が確保できるようになりました。おかげで借入が従来の半分以下で出店が可能となったのです。また、商品や設備、人材などに積極的に投資できるようになり、**成長のスパイラルに入ることができた**のです。

「正直最初は、スタッフの意識が変わることでこんなに早く、大きな利益に結びつくなんて思ってもみませんでした」。と伊藤社長はもらします。

おかげで、アクトはリサイクル工具の分野では業界をけん引するトップ企業に成長しました。しかし、44歳とまだまだ若い伊藤社長は現状で満足しているわけではありません。

理念である「リユースサービスを通じたお客様の幸せ」を実現するために、これからも果敢にチャレンジしていくことでしょう。

〔著者紹介〕

山元　浩二（やまもと　こうじ）

日本人事経営研究室株式会社　代表取締役。

1966年福岡県生まれ。成蹊大学卒業後、大手地方銀行入行。新規開拓専任者として活躍、行内ナンバー１の実績を残す。銀行退職後、コンサルティング会社立上げを経験し、独立。

2002年、日本人事経営研究室株式会社設立。会社のビジョンを実現する人材育成を可能にした「ビジョン実現型人事評価制度」を日本ではじめて開発、独自の運用理論を確立した。導入先では社員の評価納得度が９割を超えるなど、その圧倒的な運用実績を頼りに、人材育成や組織づくりに失敗した企業からオファーが殺到する。業界平均３倍超の生産性を誇る自社組織は、創業以来、増収を果たす。2012年、地元九州から東京に本社を移転し、全国的にも珍しい人事評価制度専門コンサルタントとして地位を築く。

著書に『小さな会社はリーダーを人事評価制度で育てなさい！』『「一生懸命」な「まじめ」社員を『稼げる』人材に育てる法』（以上、KADOKAWA　中経出版）などがある。

改訂版

小さな会社は人事評価制度で人を育てなさい！（検印省略）

2014年３月22日　第１刷発行
2017年２月５日　第６刷発行

著　者　山元　浩二（やまもと　こうじ）
発行者　川金　正法

発　行　株式会社KADOKAWA
〒102-8177　東京都千代田区富士見2-13-3
03-3238-8521（カスタマーサポート）
http://www.kadokawa.co.jp/

落丁・乱丁本はご面倒でも、下記KADOKAWA読者係にお送りください。
送料は小社負担でお取り替えいたします。
古書店で購入したものについては、お取り替えできません。
電話049-259-1100（９：00～17：00／土日、祝日、年末年始を除く）
〒354-0041　埼玉県入間郡三芳町藤久保550-1

DTP／ニッタプリントサービス　印刷／新日本印刷　製本／越後堂製本

ISBN978-4-04-600207-5　C2034